Es ist erstaunlich, welche deutschen Wörter in die entferntesten Winkel der Welt ausgereist sind und Eingang in den dortigen Sprachgebrauch gefunden haben. Neben den bekannten Exportschlagern wie «Schadenfreude», «Weltschmerz» und «Wunderkind» gibt es auch eine Vielzahl bisher unbekannter Weltenbummler. So trifft man sich in englischsprachigen Ländern gerne zum «kaffeeklatsching», schimpft in Finnland über «besservisseri» und isst in Russland sein «Butterbrot» – ein belegtes Brot, allerdings ohne Butter. Dieses Buch präsentiert die schönsten ausgewanderten Wörter mit Erläuterungen zu Reiseroute, Geschichte und Ursprung. Ein hoch amüsantes und aufschlussreiches Lesevergnügen – verrät die Sammlung doch nicht zuletzt, welches Bild sich das Ausland von uns Deutschen macht.

Die Ausschreibung «Ausgewanderte Wörter» wurde veranstaltet vom Deutschen Sprachrat, der Gesellschaft für deutsche Sprache und dem Goethe-Institut.

Jutta Limbach [Hg.]

«Ausgewanderte Wörter»

Eine Auswahl der interessantesten Beiträge
zur internationalen Ausschreibung
«Ausgewanderte Wörter»

Rowohlt Taschenbuch Verlag

Veröffentlicht im Rowohlt Taschenbuch Verlag, Reinbek bei Hamburg, November 2007/
Copyright © 2007 by Hueber Verlag, Ismaning/Umschlaggestaltung ZERO Werbeagentur, München/Buchgestaltung Anja Sicka/Satz aus der DIN PostScript, InDesign, bei Pinkuin Satz und Datentechnik, Berlin/Druck und Bindung Druckerei C. H. Beck, Nördlingen/Printed in Germany/ISBN 978 3 499 62353 0

«Ausgewanderte Wörter»

Auch Wörter wandern

Prof. Dr. Jutta Limbach
Vorsitzende des Deutschen Sprachrats
Präsidentin des Goethe-Instituts

Wer von uns denkt bei der Verwendung von Wörtern wie *Fairness, Portemonnaie* oder *Sport* noch daran, dass es sich um Wortanleihen aus anderen Sprachen handelt? Ihr Gebrauch ist uns im Alltag so selbstverständlich geworden, dass uns ihre Herkunft aus einer fremden Sprache gar nicht mehr bewusst ist. Mitunter bringt ein Wort wie *Fairness* das Gemeinte auch viel besser auf den Punkt als jedes deutsche Wort.

Solche Wortanleihen kennen auch andere Sprachen. Aber vor allem die deutsche Sprache hat sich mit ihren einfallsfreudig zusammengesetzten Wörtern für andere Sprachen immer wieder als eine reichhaltige Fundgrube erwiesen.

Diese Wörter zu suchen und ihre Spuren zu verfolgen, hat sich der Deutsche Sprachrat mit seiner internationalen Ausschreibung «Ausgewanderte Wörter» zur Aufgabe gemacht:

Wer deutsche oder deutschstämmige Wörter in einer anderen Sprache kennt, sollte diese jedoch nicht nur benennen, sondern auch erzählen, was sie in ihrer neuen sprachlichen

Heimat bedeuten. Denn häufig haben die Wörter sich verändert, sich weiterentwickelt und eine andere Sprachgestalt angenommen.

Zusammen mit über 6000 eingereichten «Ausgewanderten Wörtern» haben wir eine Fülle an Einsendungen, Erzählungen und Belegen aus aller Welt erhalten.

Dabei hat sich, wie schon bei unserem Wettbewerb «Das schönste deutsche Wort», gezeigt, dass wir mit unserer deutschen Sprache wahre Meister der Innerlichkeit sind: Wörter wie *Heimat, Geborgenheit, Gemütlichkeit* oder *Sehnsucht* finden sich in vielen anderen Sprachen wieder und eröffnen den Sprechern dieser Sprachen die Möglichkeit, ihre Gefühle zu benennen.

Ein Engländer schrieb uns z. B., dass man nur das empfinden könne, was man in Worten ausdrücken könne: «Da wir nicht zugeben wollten, dass wir solche unwürdigen Gefühle wie Schadenfreude empfinden, mussten wir den Deutschen die Schuld in die Schuhe schieben.» Und er setzte hinzu: «Ganz schön geschickt von uns, nicht?»

Dank unserer Grammatik sind wir zudem Meister der zusammengesetzten Wörter:

Fingerspitzengefühl, Gratwanderung, Zeitgeist, Leitmotiv sind solche typisch deutschen Wortschöpfungen, die wegen ihrer vorzüglichen Aussagekraft von vielen Sprachen entliehen worden sind.

Wörterwanderung – auch wieder so ein wunderbar beschreibendes, zusammengesetztes Wort – ist eine weltweite Erscheinung. Und je lebendiger und wandlungsfähiger eine Sprache ist, desto besser gemeindet sie solche zugewanderten Wörter ein und bereichert so ihren Wortschatz.

So gilt auch für Sprache, was Goethe in seinen «Urworten» so treffend formulierte: «Keine Zeit und keine Macht zerstückelt geprägte Form, die lebend sich entwickelt.»
Ich denke, wir können ruhig auch ein wenig stolz darauf sein, dass andere Sprachen unsere Wörter übernehmen und Freude an ihnen haben.
Allerdings sollten wir dabei nicht vergessen, dass so manches Wort fremden Ursprungs auch unsere Sprache bereichert. Dies gebietet allemal die «Fairness».

Von *arubaito* bis *gesundheit* – von *butterbrot* bis *kaputti*. Deutsche Wörter in aller Welt

Dr. Karin M. Eichhoff-Cyrus
Dr. Lutz Kuntzsch
Gesellschaft für deutsche Sprache

In jeder Sprachgemeinschaft besteht die Bereitschaft, Wortgut aus fremden Sprachen aufzunehmen, z. B. wenn sich eine Benennungslücke zeigt oder das eine oder andere nicht so bzw. nicht genau so in der eigenen Sprache auszudrücken ist. Ein neues Wort wird manchmal auch mit einer neuen Sache übernommen, kulturelle Vorbilder sowie Idole werden in anderen Ländern gefunden. Die internationale Zusammenarbeit auf jedem Gebiet trägt wesentlich dazu bei.
So nimmt auch das Deutsche von jeher Wörter aus anderen Sprachen auf, wie *Computer* oder *Perestroika, Kultur* oder *Religion.*
Zum deutschen Wortgut in anderen Sprachen gibt es zahlreiche Bücher und Listen nach wissenschaftlichen Untersuchungen. Als die Gesellschaft für deutsche Sprache in ihrer Mitgliederzeitschrift *Der Sprachdienst* (5–6 / 2004) eine «Preisaufgabe» stellte und die Sprachgemeinschaft aufforderte, deutsche Wörter in anderen Sprachen zu nennen, ging es jedoch darum, zu

erfahren, welche dieser Wörter auch tatsächlich in der Alltagssprache verwendet werden. Sie erhielt Tausende von Belegen aus über 60 Sprachen der Welt.

Der Deutsche Sprachrat erweiterte die sprachliche Spurensuche. In einer internationalen Ausschreibung rief er dazu auf, deutsche Wörter oder als solche empfundene zu nennen und dabei kurz zu beschreiben, welche Vorstellungen mit diesen Wörtern inhaltlich und emotional verbunden werden. Dafür kann es sachliche oder persönliche Gründe geben, warum ein Wort Gefallen findet oder warum auch nicht. Interessant ist auch, ob und wie ein Wort der aufnehmenden Sprache angeglichen wird: So ist *fernweh* und *gemuetlichkeit* in verschiedenen Sprachen (Englisch, Spanisch u.a.) – von der Kleinschreibung und den Umlauten abgesehen – kaum verändert; *kirushuwassa* (Kirschwasser, japanisch), *schachmaty* (Schach, ukrainisch) oder *vigéc* (ursprüngl. von *Wie geht's?*, ungarisch) sind dies hingegen in beträchtlichem Maße.

Es ist erstaunlich, welche deutschen Wörter in die entferntesten Winkel der Welt «gewandert» sind und, wie man beim Lesen dieses Buches erkennen kann, dass sie nun als Wörtersammlung den Weg zu uns zurückgefunden haben. Was die Sprachen und Länder betrifft, erhielten wir für das (amerikanische) Englisch und das Russische mit Abstand die meisten Belege. In beiden Ländern gibt es lange deutsche Traditionen, folglich sprechen dort viele Menschen unsere Sprache. Aber auch Einzelbeispiele aus vielen kleineren bzw. unbekannteren Sprachen sind vorhanden: aus dem Estnischen *lips* und *naps* für *Schlips* und *Schnaps*, aus der Berbersprache Tamazight (Marokko) das kleine Wörtchen *ja* oder aus der westafrikanischen Sprache Wolof das Wort *lecker*.

Ereignisse oder Personen brachten das deutsche Wortgut in die Fremde.

Diese sprachlichen Spuren künden von dem, was weltweit unter «dem Deutschen», «den Deutschen», den deutschen Gewohnheiten und Errungenschaften, insgesamt unter dem «typisch Deutschen» verstanden wird, und vor allem von den Gründen, aus denen es lohnend erscheint, ein deutsches Wort in der nicht deutschsprachigen Umgebung zu verwenden. Oft enthalten die Texte zu den Wörtern Hinweise auf unmittelbare Prozesse der Übernahme und beziehen aufschlussreiche Erläuterungen zur Aussprache, Bedeutung und Verwendung in verschiedenen Situationen mit ein.

Schon immer haben sich Sprachen wechselseitig beeinflusst. Unter «Sprachkontakt» verstehen wir das Aufeinandertreffen zweier oder mehrerer Sprachen meist durch geografische Nachbarschaft ihrer Sprecherinnen und Sprecher. Dieser Prozess stellt eine gegenseitige Bereicherung der Sprachen dar. In bestimmten Zeitabschnitten ist der Einfluss einer Sprache auf eine andere besonders groß. Beherrschte in unserem Sprachraum vor der Herausbildung der Nationalsprachen das Lateinische viele Sphären und war es mit dem Aufstieg des Absolutismus das Französische, so ist es heute – wie häufig festgestellt wird – vornehmlich in Wirtschaft, Mode und den (Neuen) Medien das Englische. Aber nicht nur englische Wörter wandern als «Anglizismen» in andere Sprachen, sondern auch deutsche Wörter als «Germanismen», wie man bei der Lektüre dieses Buches feststellen kann.

Man bemerkt während eines Aufenthalts im Ausland oft, und dies nicht nur beim *schluk* – wie es in einigen Sprachen heißt –, dass diese Zeugnisse deutschen Kulturguts eine besondere Brücke der Völkerverständigung bilden. Ein Bezug zu Deutschland kann z. B. hergestellt werden, wenn man einigermaßen überraschend, eingebettet in einen englischsprachigen Text, etwas von *bratwurst, oktoberfest* oder *sauerkraut* hört. Etwa in der Wendung «For me a *bratwurst* with *sauerkraut*» oder in anderem Zusammenhang «There is a *poltergeist* in the house». Irgendwie vertraut kam es uns unter Umständen vor, als ein amerikanischer Präsidentschaftskandidat zum Gegenkandidaten im Jahre 2004 sagte: «You are too *wischiwaschi*», denn diese Eigenschaft drücken wir in unserem Alltagsdeutsch auch so aus.

Aber auch auf der anderen Seite der Welt finden sich deutsche Sprachspuren. Beispielsweise werden bei einem Moskauer Theaterbuffet Besucher auf Russisch aufgefordert: «Nu, dawaite, wosmjom jeschtscho *butterbrot/butterbrotik/butterbroty.*» Verwunderung macht sich breit, weil das Wort zwar aus der deutschen Umgangssprache bekannt ist, meist aber nur in einzelnen Regionen auftritt oder als veraltet gilt. Verwunderung vor allem deshalb, weil sich auf dem russischen *butterbrot* jede denkbare Köstlichkeit, aber keine Butter befindet. Wohin diese im Laufe der Zeit verschwunden ist, wird so leicht nicht mehr nachzuvollziehen sein.

Aus einer der kleineren Sprachen berichtet uns jemand: «Ich habe mehrmals die Cuna-Indios auf den San Blas Inseln vor Panama besucht und darüber u. a. in einem Reiseführer über Costa Rica und Panama berichtet. Bei meinem Aufenthalt habe ich immer wieder amüsiert festgestellt, dass die Cunas in ihrer Indio-Sprache ein deutsches Wort verwenden: *arbeit*. Es wäre interessant, genauer zu wissen, wie ausgerechnet dieses Wort in den Sprachschatz der Indios gelangen konnte.»

Deutsche Wörter, die schon seit geraumer Zeit in anderen Sprachen vorkommen, sind beispielsweise *blitzkrieg, hinterland, kitsch, kobalt, lumpenproletariat, marschall, nickel, quartz, uebermensch, walzer, weltanschauung, weltschmerz, wolfram* oder *zickzack*. Diese wurden bei unserer Umfrage allerdings selten genannt oder haben im Ausland eine aktuellere Bedeutung angenommen: *luftschiff* (russisch) für *Flugzeug, schlafrock* für *Bade-/Morgenmantel* oder *vortuch* für *Schürze* im Polnischen, ebenso die heute nur noch in deutschen Dialekten vorkommende *krumbeer(e)* neben der *kartofel* im Russischen und der *kartopel* im Ukrainischen. So kommt es zu Verschiebungen in der Bedeutung eines Wortes. Der Ausdruck *arubaito* wird im Japanischen und Koreanischen für eine Teilzeitarbeit verwendet. Zum Beispiel bezeichnen Studierende, die nebenbei babysitten oder Nachhilfe geben, diese Tätigkeit mit dem deutschen Ausdruck. Das Adjektivpaar *kaputt/kaputti*, auch *halbkaputti*, steht zum Beispiel im Suaheli für «nicht funktionsfähig, fehlerhaft». Dieser Ausdruck wird aber auch auf Menschen bezogen und bedeutet dann «bewusstlos» oder «ohnmächtig». Das deutsche Wortpaar *vorspiel/nachspiel* hat im Norwegischen eine weitere, bei uns nicht bekannte Bedeutung.
Bei den folgenden Beispielen spiegeln sich Gründe und Motive für die Übernahme des Wortgutes wider: Die Stereotype *angst* und *German angst* im Englischen und anderen Sprachen können sich sowohl auf die Umweltangst – wie bei *le waldsterben* im Französischen – als auch allgemein auf die beobachtete Ängstlichkeit oder besondere Sensibilität der Deutschen in verschiedenen Situationen, auch auf eine Aufgeregtheit oder gar Hysterie beziehen. Die Personenbezeichnungen *hochsštapler* (tschechisch) oder *besserwisser* (schwedisch) deuten

auf ein Erscheinungsbild der Deutschen im Ausland hin. Als Wörter für typisch deutsche Phänomene erscheinen *gemuetlichkeit/gemuetlich, wanderlust* und *weltanschauung* (alle im Englischen), *fingerspitzengefuel* (für Neuseeland genannt) und *schadenfreude* im amerikanischen Englisch oder die bekannten Wörter *wirtschaftswunder, kindergarten* und *wunderkind* in vielen Sprachen.
Die Bezeichnungen *Bauhaus* und *Jugendstil* wurden ins amerikanische Englisch übernommen, ohne ihre Form zu verändern. In der Philosophie gibt es das *Ding an sich* (in mehreren Sprachen gebräuchlich). Aus der Literatur wurden *Sturm und Drang*, aus der Sprachwissenschaft *umlaut* als typisch deutsche Phänomene in viele Sprachen übernommen. Auch deutsche Wörter aus Fachsprachen, beispielsweise aus der Physik *eigenwert, gegenschein* oder die *Heisenberg'sche unshaerfe relationship*, findet man in anderen Sprachen.
In der Technik und besonders in der Autoindustrie gibt es viele Belege für angenommene oder tatsächliche «deutsche Wertarbeit» – so bei *bremsstrahlung* (englisch), *volkswagen* (griechisch für Kleintransporter), *fahrvergnuegen* (aus der Autowerbung in verschiedenen Ländern). Weiterhin: *le képi, le schnorchel* (französisch für die Luftzuführung eines U-Boots) oder *schlagbaum* (russisch). In französischen Wörterbüchern wird *vasistas* als «Guckfenster» bzw. «Oberlicht» verzeichnet. Ursprünglich geht das Wort wohl auf die napoleonischen Kriege zurück, als die Soldaten beim Anblick der in deutschen Häusern eingebauten Lüftungsklappen bzw. Klappfenster fragten: «Was ist das?», und seither die Wendung in der französischen Sprache für den Gegenstand benutzten.
Im gastronomischen Umfeld erweisen sich *bocksbeutel* (Fla-

schenform aus Franken), *bierhalle* und *gasthof* als geeignet, um in andere Sprachen (Englisch, Koreanisch oder Schwedisch) aufgenommen zu werden. Im Ungarischen steht das Wort *spaijs* für die Speisekammer. Deutsche kulinarische Köstlichkeiten sind weltweit bekannt und haben auch oft ihren deutschen Namen behalten: *bratwurst, kuchen, leberkaes, pumpernickel, sauerkraut* (die Deutschen werden auch als *Krauts* bezeichnet), *wiener, zwieback* sowie das *bier/weizenbier* – um nur einige Beispiele aus verschiedenen Sprachen zu nennen.
Wenn man kein oder nur wenig *sitzflaijsch* (Beispiel aus dem Tschechischen) hat, kann Bewegung in der Natur guttun – sei es nun eine allgemeine *wanderlust* (in vielen Sprachen zu finden) oder ein *spacirfest* bzw. die Tätigkeit *spacirovat(e)* in slawischen Regionen. In Italien ist die *kermess* ein wichtiger Treffpunkt. Im brasilianischen Portugiesisch gibt es kein eigenes Wort für Turnschuhe: Sie heißen dort *tennis* – eine Bezeichnung, die ursprünglich aus dem Englischen kommt, aber in Brasilien als deutsches Wort verstanden wird, wie uns mitgeteilt wurde. Wer vom vielen Laufen erschöpft ist, kann sich in England in einen *strandkorb* begeben, in der Umgebung von Straßburg lädt *le baggersee* zum Baden ein.
Mitunter ist es der Klang der deutschen Sprache, aufgrund dessen einem deutschen Wort der Vorzug gegeben wird, auch wenn die entsprechende Bedeutung ebenso durch ein Wort aus der eigenen Sprache ausgedrückt werden könnte. So werden Hundekommandos im Englischen und Russischen oft auf Deutsch gegeben: *Hier! Platz! Hopp! Aus! Sitz! Pass auf! Pfui! Such!* Und *Schmeiss!* (englisch) kann es beim Kartenspiel heißen; ein *Bring dir's!* oder *Kipp es!* kommt laut unseren Belegen als Anregung zum Trinken in Argentinien bzw. Finnland vor.

Die Beispiele zeigen, dass sich deutsche Wörter in anderen Sprachen großer Beliebtheit erfreuen. Hoffen wir, dass man beim Lesen der Texte mindestens genauso viel Spaß haben wird wie die Autorinnen und Autoren beim Schreiben.

Wörterwanderung

Eine Auswahl der interessantesten Beiträge
zur internationalen Ausschreibung
«Ausgewanderte Wörter»

rejs

Polnisch für: **Fahrt/Kreuzfahrt**

Da ich bereits seit einigen Monaten in Polen lebe, freue ich mich natuerlich ganz besonders ueber die «deutschen» Worte im Polnischen.
«Rejs»-en auf polnisch kann man aber nur auf Wasser – ein kleiner Unterschied zu der Bedeutung im Deutschen. Zudem ist «Rejs» der Titel eines polnischen Kultfilmes aus dem Jahr 1969. Er karikiert auf grossartige Weise das System und dessen Unfreiheiten mit mehrdeutigen und absurden Dialogen ueber Kunst waehrend einer ziellosen Bootsfahrt auf der Weichsel.
Nicht zuletzt habe ich «rejs» als wanderndes Wort gewaehlt, weil es auf eine «rejs» nach Polen gefahren ist!
Eva Dangendorf, Berlin, Deutschland

valise

Französisch für: **Felleisen (Koffer)**

In früheren Zeiten bestanden Koffer in Deutschland aus Fellen mit Eisenbeschlägen und wurden daher «Felleisen» genannt. Als solche tauchten sie danach auch in Frankreich auf, wo das Wort «Felleisen» sodann in «valise» mutierte, eine Lautschriftwiedergabe des deutschen Wortes.

Während das Wort «Felleisen» in Deutschland schon lange nicht mehr gebraucht wird, ist «la valise» in Frankreich nach wie vor das Wort für «Koffer».
Gerhard L. Mueller-Debus, Frankfurt a. M., Deutschland

Kufar

Bulgarisch für: **Koffer**

Sicherlich schon etwas verändert, aber doch noch deutlich erkennbar, nehmen auch Bulgaren gerne den Koffer als Reisegepäck mit.
Wolfgang Niebel, Jena, Deutschland

schlep(p)

Amerikanisches Englisch für: **schleppen, sich schleppen, latschen, Trottel, Tollpatsch, Langweiler**

Diese Vokabel begegnete mir im Gespräch mit meiner in den USA lebenden Kusine.
Sie bereitete gerade die erste Reise nach Deutschland vor, da sie wohl die Lust gepackt hatte, nach ihren «roots» zu forschen. Es ging einerseits um die Bekleidungsfrage und was man so ins kalte Deutschland mitnehmen müsste und andererseits um das natürlich lästige Gepäck: «I don't want

to schlepp too much around.» Von der Vokabel überrascht, habe ich zunächst angenommen, dass es sich hier um ein Restchen der deutschen Sprache, die sie als Abc-Schützin noch vor der Auswanderung (1947) gelernt hatte, handelte. Die nächste Überraschung erlebte ich, als mir das Wort zufällig in *Langenscheidts Handwörterbuch* begegnete.

Eva Mannes, Harsum, Deutschland

to shlep

Amerikanisches Englisch für: **schleppen**

Am 6. Januar 2003 druckte die *New York Times* den Brief einer Leserin, die den Vorschlag, Fluggesellschaften sollten die Gepäckaufgabe aus Sicherheitsgründen abschaffen, mit den Worten ablehnte: «I gave up trying to fly solely with carry-on bags after numerous occasions when I had to shlep my bags from one end of O'Hare International Airport to another (a distance that can exceed two miles).» [«Ich habe es aufgegeben, nur mit Handgepäck zu fliegen, nachdem ich mehrfach meine Koffer von einem Ende des O'Hare International Airport zum anderen schleppen musste (eine Entfernung, die locker mehr als zwei Meilen betragen kann).»] Unter den vielen «ausgewanderten» deutschen Wörtern im amerikanischen Englisch – von denen eine große Anzahl gleichzeitig jiddische Ausdrücke sind, die Grenze ist hier oftmals fließend – ist «to shlep» (Schreibweise auch «to schlep») für mich das liebste. Man kann aus der für angelsächsische Zungen

ungewohnten Konsonantenaufeinanderfolge «sh-l» die Anstrengung geradezu heraushören. Aus dem Verb «to shlep» hat sich das Substantiv «shlep» entwickelt, ein Ausdruck für eine langsame, tölpelhafte Person. Ich mag das Wort auch deshalb gern, weil es so wunderbar harmlos ist, denn sehr viele «ausgewanderte» Wörter im amerikanischen Englisch, allen voran der «Blitzkrieg», haben mit dem dunkelsten Kapitel deutscher Geschichte zu tun. – Als ich «shlep» zum ersten Mal gegenüber meinen amerikanischen Kollegen in den Mund nahm, waren sie begeistert und meinten, ich spräche nun schon wie eine echte New Yorkerin.
Wenn sie gewusst hätten, wie leicht es mir als deutscher Muttersprachlerin von der Zunge ging!

Nadia Hassani, Andreas, PA, USA

schlep

Englisch für: **to drag something around, to carry**

From the German verb «schleppen». «Schlep» in English is used to mean «to carry» or «to tow» in a sense of complaining, as in «oh man, I have to schlep my luggage all the way back to the hotel!».

Carie Schneider, Tucson, AZ, USA

Englisch für: **etwas herumzerren, tragen**

Vom deutschen Verb «schleppen». «Schlep» wird im Englischen verwendet, wenn «tragen» oder «schleppen» gemeint ist und man sich drüber beklagt, wie in «O Mann, ich muss mein Gepäck den ganzen Weg zum Hotel zurückschleppen!».

banop [ˊbanop]

Bassa, Beti für: **Bahnhof**

Die Deutschen haben in Kamerun und vorwiegend bei den Bassa- und den Beti-Gebieten die Eisenbahn gebaut. Daher hat sich das deutsche Lexem «Bahnhof» in ihre Lexik integriert.
Jean Pierre Boutché, Yaoundé, Kamerun

fertik

Türkisch für: **fertig! (Eisenbahn)**

1899 erhielt die von der Dt. Bank abhängige Anatol. Eisenbahnges. die Konzession zum Bau der Bagdadbahn (Konya–Basra). 1913 waren 600 km in Betrieb, z. T. mit deutschem Personal. Das Kommando zum Abfahren ging (beschränkt auf diesen Gebrauch) ins Türkische ein. *Langenscheidts Taschenwörterbuch* unter «fertik», dort auch weitere Fügungen! Türken sagten mir, «fertik» heiße bei alten Leuten auch der Zugbegleiter selber.

Johann Heigl, Buxheum, Deutschland

ferkisch

Arabisch (ägyptischer Dialekt) für: **fertig**

Deutsche Regisseure waren an den Anfängen des ägyptischen Kinos am Beginn des 20. Jahrhunderts maßgeblich beteiligt. Damals pflegten sie am Ende der Regiearbeiten das Wort «fertig» zu sagen. Die ägyptischen Mitarbeiter verwandelten das Wort in «ferkisch», das immer noch benutzt wird, u. zw. nicht nur von Filmschaffenden!

Samir Grees, Bochum, Deutschland

Kaffepaussi

Finnisch für: **Pause, derzeit außer Betrieb**

So gesehen in Turku 2005 bei einem Linienbus in der automatisierten Anzeige, in der sonst das Fahrtziel steht. Der Busfahrer machte Pause.

Susanne Bätjer, Glückstadt, Deutschland

kaffeeklatsching

Englisch für: **Kaffeeklatsch machen**

Sicherlich sitzen überall auf der Welt Frauen bei Kaffee und Kuchen und plauschen dabei. Daß der urdeutsche Begriff dafür, Kaffeeklatsch, aber auch im Englischen benutzt wird, war mir neu, bis er mir erstmals in einem Buch der Kanadierin Kathy Reichs begegnete – mit derselben Bedeutung und in derselben Schreibweise (!), jedoch in der englischen Verlaufsform. Ich habe ihn seither mehrfach gehört.

Ilselore Paschmann, Mülheim an der Ruhr, Deutschland

Kuchen

Chilenisches Spanisch für: **aus Teig, Sahnecreme und / oder irgendeiner Frucht im Ofen gebackenes Nahrungsmittel**

Gegen fünf Uhr nachmittags sieht der Reisende im südchilenischen Städtchen Frutillar größere Gruppen älterer Damen (manchmal auch mit Herren) in einem der vielen Häuser an der Uferpromenade verschwinden. Vor allen steht oder hängt ein Schild mit der Aufschrift KUCHEN, manchmal ergänzt durch «Apfelstrudel» und «Streuselkuchen». Wie in Deutschland trifft man sich um diese Zeit zum Kaffeeklatsch. Und die Cafés ähneln in ihrem Aussehen auch denjenigen in deutschen Städten: spießiges Mobiliar, ergänzt durch kitschige

Bilder und anderen Krimskrams. Die Kuchen hingegen sind immer frisch gebacken und schmecken hervorragend: Ob Schwarzwälder Kirsch oder Sahnetorte, alles wie zuhause! KUCHEN steht aber nicht für die selten vorbeikommenden deutschsprachigen Touristen auf den Schildern, sondern weil ab Mitte des 19. Jh. mehrere Wellen deutscher Aussiedler ins südliche Chile kamen und sich deren Traditionen und Gewohnheiten teilweise erhalten haben.

Torsten Esser, Köln, Deutschland

kermés, kermesse

Mexikanisches Spanisch für: **Gemeinnütziges Nachbarschaftsfest**

Fiesta popular que se hace, generalmente, en las calles, organizada por vecinos o miembros de alguna asociación con el fin de reunir fondos para alguna obra de beneficio común; hay música, baile, venta de antojitos, golosinas y bebidas refrescantes, y también se organizan rifas, concursos y variados juegos: «Los sábados hacen kermeses en el parque», «Con el dinero reunido en la kermés construiremos dos laboratorios para las clases de química», «Se hacían toritos, muertes y judas para tronarlos en las kermeses».

Folker Wagner Mumenthey, Tuxtla Gutiérrez, Chis., Mexiko

Ein öffentliches Fest, das normalerweise auf der Straße stattfindet und von Nachbarn oder Mitgliedern einer Gruppe veranstaltet wird, um Geld für einen gemeinnützigen Zweck zu sammeln. Es gibt Musik und Tanz, leckeres Essen, Süßigkeiten, und Erfrischungsgetränke werden verkauft. Es werden auch Tombolas, Wettbewerbe und verschiedene Spiele veranstaltet: «Samstags werden im Park ‹kermeses› veranstaltet», «Mit dem auf der ‹kermés› eingenommenen Geld werden wir zwei Labore für den Chemieunterricht bauen», «Es werden Puppen in Form eines Stieres oder einer Judasfigur hergestellt, um sie auf der ‹kermés› anzuzünden».

Kindergarten

Englisch für: **Das Wort bedeutet dasselbe wie im Deutschen**

Kindergarten – es gibt also nicht nur «Kids» im (Neu)deutschen, sondern auch «Kinder» in der englischen Sprache. Besonders interessant finde ich, dass der Kindergarten hier in Kanada in 2 Stufen unterteilt wird: in einen «Junior Kindergarten» (fuer die 4jaehrigen) und einen «Senior Kindergarten» (fuer 5jaehrige Jungen und Maedchen).
Ein «Senior Kindergarten» – diese Zusammensetzung finde ich auch nach fast 20 Jahren in Kanada noch immer etwas absurd und auf alle Faelle witzig!

Monika Holzschuh Sator, Kingston, Kanada

Wunderkind

Englisch für: **Wunderkind**

Das Wort «Wunderkind» wird in seinem urspruenglichen Sinn oft im Zusammenhang Kunst und Musik im Englischen benutzt.
Begriffe aus andern Sprachen werden gern uebernommen, wenn es in der Sprache, die das Wort aufnimmt, kein genaues Gegenstueck gibt. Das heisst, man kann etwas nur umschreiben, und der Erfolg des «Fremdwortes» liegt daran, dass dieses Wort genau ausdrueckt, was man sagen will.
Christel Stripe, Kingswells Aberdeen, Großbritannien

Poltergeist

Englisch für: **Poltergeist**

Nach deutschem Sprachgebrauch ein – relativ harmloser – Spuk mit rasselnden, klopfenden oder heulenden Geräuschen, ohne daß ersichtlich ist, wo diese genau herkommen bzw. wie diese entstehen.
Der Begriff «Poltergeist» wurde in den gesamten angloamerikanischen Sprachgebrauch übernommen – selbst bei S. Spielbergs 1982 entstandenem Gruselfilm lautete der Titel in USA, England und Deutschland gleich: «Poltergeist».
Andreas König, Karlsbad, Deutschland

Poltergeist

Brasilianisches Portugiesisch für: **ungeklärte Phänomene**

Das Wort «Poltergeist» hat mit unklären Fenomenen, wie komische Geräusche oder Lichten, zu tun, die die Wissenschaftler nicht klarmachen können.
Romulo Pereira, Teresopolis / Bairro de São Pedro, Brasilien

Von Schlafmützen und Wunderkindern

Linda Csapo, Journalistin

Was hat ein Wunderkind mit einer Schlafmütze gemeinsam? Nicht viel, mag der erste Gedanke nahelegen, im Gegenteil – wecken derart bezeichnete Personen doch völlig gegenläufige Assoziationen: Hier das kleine emsige Genie, dort der gemütliche Faulpelz mit verkrusteten Augen und träumerischem Blick. Dennoch teilt dieses scheinbar so ungleiche Paar einen gemeinsamen Nenner: Sie beide besetzen in fremden Sprachgefilden kleine deutsche Wortinseln. Die *szlafmyca* wälzt sich in ihrem polnischen Bettchen, das *wunderkind* bringt die Kritiker in anglo-amerikanischen Feuilletons zum Schwärmen. Deutsche Sprachexporte jenseits von *Sitz!, Platz!* und *blitzkrieg* – ein Phänomen, das uns in Staunen versetzen mag. Versuchen wir doch gerade, uns mit dem allgegenwärtigen Kauderwelsch der Internet-, Medien- und Klingeltonwelt abzufinden, das meist irgendwo zwischen schlechtem Deutsch und falschem Englisch angesiedelt ist. Aber dass Fragmente des eigenen Wortschatzes auch über die Sprachraumgrenzen hinaus Verwendung finden, gar als *zeitgeisty* erachtet werden – das überrascht. Und ja, es schmeichelt auch ein wenig.

Gewiss, es gibt kaum Anlass, auf den serbischen *štreber*, den finnischen *besservisseri* oder den persischen *scharlatan* besonderen sprachpatriotischen Stolz zu entwickeln. In Belgien schimpft man einen ungeliebten Zeitgenossen zuweilen auch mal plump einen *blödman*. Aber wie schon bei der Suche nach dem «Schönsten deutschen Wort», auf die sich der *Deutsche Sprachrat* unter der Federführung des *Goethe-Instituts* 2004 begeben hatte, ist auch die Pointe der Ausschreibung «Ausgewanderte Wörter» raffinierter: Es zählt weniger der deutsche Ausdruck an sich, der in den Ring geworfen wird, der eigene Reiz entfaltet sich erst mit seinem individuellen Reisebericht.

So erstrahlen die eigentlichen Juwelen unter der Fülle von Einsendungen schließlich immer dann in hellem Glanz, wenn sich kleinere, scheinbar harmlose Wörter nach langer Wanderschaft an fernen Orten niedergelassen, den jeweiligen sprachlichen Eigentümlichkeiten angepasst und dabei zum Teil einem recht drolligen Wandel unterzogen haben. So mag sich dem deutschen Leser die Bedeutung des tschechischen *libesbrif* oder des französischen *loustic* mühelos erschließen, während seine schmunzelnden Lippen das Wort beim Lesen lautlos nachformen. Bei anderen Begriffen dagegen geriete er ohne die mitgelieferten Erklärungen zweifellos ins Stutzen. Zum Verständnis des kirundischen *dagi* etwa muss man schon wissen, dass es sich um eine Kurzform von «guten Tag» handelt – und dass es sich in Gedenken an die ursprünglich so Grüßenden als Bezeichnung für die Deutschen selbst durchgesetzt hat. Ähnlich liebenswert klopft der ungarische fliegende Händler an die Wohnungstür: Als Reminiszenz an seine Einstiegsfrage

nach dem werten Befinden des potenziellen Kunden wird er auch heute noch *vigéc* («Wie geht's?») genannt.
Deutsche Fragen sind aber nicht nur unter dem Eindruck der österreichisch-ungarischen Krone ein sprudelnder Quell von Wortneuschöpfungen gewesen: So bezeichnet ein *wihaister* ein namenloses polnisches Dingsbums und ein *vasistas* ein französisches Oberlichtfenster. Dieses ist wiederum nicht zu verwechseln mit der ungarischen Variante: Möchte der Ungar etwas zu Unrecht Hochgepriesenes wieder in ein angemesseneres Licht rücken, lässt er – wörtlich übersetzt – ein relativierend-abschätziges «Das ist doch kein großes *Was-ist-das*» («Ez nem egy nagy was-ist-das.») verlauten. Besonders kuriose deutsche Blüten treiben zuweilen auch auf dem vermeintlich fest von der englischen Sprache dominierten Terrain der modernen Technik. Eine russische Teilnehmerin beschreibt ihre Fassungslosigkeit, als sie zum ersten Mal den Ausdruck *brandmauer* zu lesen bekam – geschrieben in kyrillischen Buchstaben. *Brandmauer* statt *firewall*, ein deutscher Ausdruck im Russischen, der im Deutschen wiederum von einem englischen Wort besetzt ist – da mag es einem schwindeln. Dem Anglizismenschwall der letzten Jahrzehnte wird aber noch ein weiteres deutsches Schnippchen geschlagen: Das vermeintliche Englisch-Derivat *Handy*, das in Wahrheit eine deutsche Eigenkreation ist, hat, wie mir Freunde berichten, seinen Weg bereits zurück in die falsche Heimat gefunden und etabliert sich neuerdings auch an der Ostküste der USA als Bezeichnung für Mobiltelefone.
So facettenreich und breit gestreut die «Wörterwanderung» sich also präsentieren mag, die überwiegende Mehrzahl der eingereichten Begriffe überrascht durch ihre neutrale bis positive Konnotation. Einige Militärausdrücke aus der Zeit des

Nationalsozialismus werden der deutschen Sprache wohl ewig anhaften, aber sie genießt – das zeigt die Ausschreibung – international mittlerweile einen viel besseren Ruf, als wir selbst es manchmal glauben mögen.
Gerade im englischen Sprachraum, in dem Deutschstämmiges in der Vergangenheit nur selten einen Beliebtheitswettbewerb zu gewinnen vermochte, stehen Germanismen zunehmend für Eleganz und Weltgewandtheit. Ausdrücke wie *bildungsroman, weltanschauung* und *leitmotif* haben ihren festen Platz in den Feuilletons erobert. Dann und wann genießt der Brite die *gemutlichkeit* oder wünscht der geschliffene US-Amerikaner einem Erkälteten *gesundheit.*
Die weltweite Wörterwanderung ist jedoch kein abgeschlossener Vorgang. Sprache wurde immer schon exportiert, importiert, einverleibt und umgewandelt. Die fortschreitende Globalisierung dient diesem Prozess als zusätzlicher Katalysator. Aus diesem Grund überlässt man das Verfassen einer vollständigen Dokumentation geläufiger Germanismen besser dem armen Sisyphus und gibt sich stattdessen damit zufrieden, einen heiteren Einblick in die gegenwärtigen Rastplätze dieser Wörterwanderung zu erhaschen.
Manche Begriffe mögen andernorts bereits fest verwurzelt sein, andere sind vielleicht nur flüchtige Modeerscheinungen. Einige haben womöglich noch einen weiten Weg vor sich und finden eines Tages – von der langen Reise grundlegend verändert – wieder zurück in den deutschen Sprachraum. Aber schließlich hat schon Johann Wolfgang von Goethe, selbst ein leidenschaftlicher Wanderer und gewissermaßen der geistige Vater dieses Buches, einmal gesagt: «Man reist nicht nur, um anzukommen, sondern vor allem, um unterwegs zu sein.»

Sitz im Leben

Englisch für: **Verbindung zum Alltag**

Der «Sitz im Leben» ist ein zunächst theologischer Fachbegriff. Er stammt aus der Textauslegung. Die Formkritik fragt damit nach der ursprünglichen Funktion eines Textes. Hermann Gunkel, der Begründer der sog. Religionsgeschichtlichen Schule, hat ihn eingeführt. Mittlerweile wird der Begriff auch außerhalb der Theologie in vergleichbarem Sinn gebraucht. Der Engländer fragt so nach «the Sitz im Leben» ...

Johann Peter Saaler, Saulheim, Deutschland

Weltanschauung

Spanisch für: **Weltanschauung**

In philosophischen Texten sieht man dieses Wort sehr oft, weil man es anscheinend nicht übersetzen wollte oder konnte. Es bedeutet dasselbe wie im Deutschen, aber heutzutage wird auch «cosmovisión» stattdessen oder auch als Erklärung gebraucht.

Francisca Almeyda, La Florida, Santiago, Chile

Weltanschauung

Französisch für: **conception du monde**

Wurde u.a. von dem Religionswissenschaftler Mircea Eliade (1907–1986) in seinem Buch «Das Heilige und das Profane. Vom Wesen des Religiösen» im französischen Original benutzt. Das ist sicher nicht die einzige Verwendung dieses Wortes in der Fachliteratur. Meiner Einschätzung nach drückt das Wort in dieser Verwendung einfach aus, in welchem «Licht» ein einzelnes Individuum oder eine Gruppe die Welt um sich herum sieht. Ich denke, «Weltanschauung» wurde aufgrund seines universalen Charakters und seiner Integrationskraft in einem Kontext zur Beschreibung von Werte- und Glaubenssystemen etc. eingesetzt.

Robert Schäf, Jena, Deutschland

Leitmotiv

Argentinisches Spanisch für: **die zentrale Idee oder Thema, das etwas leitet, z.B. einen Wahlkampf, ein Projekt, eigenes Leben**

Normalerweise benutzen wir das Wort «Leitmotiv», wenn wir unser Lebensprinzip ausdrücken möchten.

Facundo Salvatierra, La Plata, Argentinien

le leitmotiv

Französisch für: **Leitmotiv**

Vermutlich wurde dieses Wort ins Französische aufgenommen, weil das französische Pendant «motif principale» nicht so kurz und griffig ist.

Niels Brudy, Efringen-Kirchen, Deutschland

Leitmotiv

Spanisch für: **dasselbe wie im Deutschen**

In Radio Clásica Radio Nacional de España wird sehr viel deutsche Musik gesendet, selbst deutsche Lieder aus der Zeit der Romantik und natürlich auch Wagner, überwiegend mit Aufnahmen aus dem deutschsprachigen Raum. Dazu wird der Komponist und das Werk häufig erläutert und dabei erscheint häufig das Wort «Leitmotiv». Es gibt in Spanien kein Musikleben, wie wir es in Deutschland kennen. Da lag es nahe, auch das deutsche Wort zu übernehmen.

Lea Ziebold, Santander, Spanien

Gemütlichkeit

Englisch für: **Volksfest**

Die Deutschen denken bei Gemütlichkeit an ihr Zuhause oder an ihre Stammkneipe. Man ist mit netten Menschen zusammen und macht es sich gemütlich. Im englischsprachigen Raum ist die Vorstellung von Gemütlichkeit z. B. mit dem Oktoberfest verbunden. Dort geht der englischsprachige Tourist hin, um deutsche Gemütlichkeit zu erfahren. Er erwartet ein Bierzelt, natürlich Bier in rauen Mengen, Blasmusik und Deutsche in Tracht. Dort trifft dann der Amerikaner auf Japaner, die das Gleiche denken. :-)

Antje Rowe, Aalen, Deutschland

Heimat

Niederländisch (Flandern) für: **Heimat**

Sehr geehrte Damen und Herren,
wahrscheinlich ist Folgendes nicht mehr neu für Sie: In Flandern verwenden wir manchmal: «Heimat»: dafür haben wir keine richtige Übersetzung, das deutsche Wort drückt so viel mehr aus ...
Viele Grüße Christel Van Damme

Christel Van Damme, Belsele, Belgien

OOM PAH PAH Music

Australisches Englisch für: **Blasmusik**

In Nordost-Australien, in den Atherton Tablelands, habe ich vor einem Gasthaus («Nick's Restaurant») ein Schild mit der Aufschrift «Ockoberfest Sat 18 Oct Buffet Oom Pah Pah Music» entdeckt.
Die Australier benutzen dort das Wort «OOM PAH PAH Music» für Blasmusik, bei uns in Deutschland etwas abwertend auch «Humtata-Musik» genannt.
Hans-Günter Schweizer, Fußgönheim, Deutschland

Zeitgeist

Englisch für: **Dasselbe wie im Deutschen, ...**

... weil es kein entsprechendes englisches Wort gibt, welches ebenso kurz und treffend eben jenen Sachverhalt beschreibt. Besonders bemerkenswert: die «Weiterwanderung» dieses schönen deutschen Wortes bis hin zum Adjektiv «zeitgeisty» («dem Zeitgeist entsprechend»), kein Scherz!!!
G. Toldy, München, Deutschland

Realpolitik

Italienisch für: **sinnvolle Politik**

Das Wort hat sich in Italien zu Zeiten des eisernen Vorhangs verbreitet und wird mit Willi Brandt assoziiert. Damals (und teilweise heute noch) bedeutete das genau dasselbe wie im Deutschen. Heutzutage aber habe ich das Gefühl, dass die It. damit eher «wahre, sinnvolle, konkrete, gute Politik» meinen. Wir scheinen also «Realpolitik» sozusagen mit «politica reale» zu uebersetzen, wo «reale» hier nicht im Sinne von «realistisch, zweckgerichtet, ideologiefrei» verstanden wird, sondern als «wahrhaft, sinnvoll, brauchbar, lebensnah» (wie z. B. in «Non il ponte sullo stretto di Messina, ma incentivi per le piccole aziende del mezzogiorno: questa è Realpolitik!» [«Nicht eine Brücke über die Straße von Messina, sondern Vergünstigungen für Kleinunternehmen im Süden: Das ist Realpolitik!»] – P. L. Bersani, Minister für Oekonomische Entwicklung).

Riccardo Cravero, Milano, Italien

heikel

Niederländisch für: **heikel**

«Heikel» ist im Niederländischen salonfähig geworden, als unser damaliger Ministerpräsident Den Uyl Bundeskanzler Schmidt besucht hat. Nach seiner Rückkehr war vieles plötzlich nicht mehr «kompliziert» oder gar «gefährlich», nein, jetzt war es «heikel», mit niederländischer Aussprache, versteht sich.
Es müssen damals wohl viele heikle politische Themen erörtert worden sein.
Jeff Peschen, Zuid-Scharwoude, Niederlande

kaputt

Amerikanisches Englisch für: **das Gleiche wie im Deutschen**

Auf einer Bootstour in Minnesota fiel der Außenborder meiner Gastfamilie aus.
Das Einzige, was meinem Gastvater einfiel ... «I guess it's ‹kaputt›.»
Martin Faber, Bad Harzburg, Deutschland

kaputt

Französisch (Québec) für: **etwas funktioniert nicht mehr**

In Québec wird das Word «kaputt» im normalen Sprachgebrauch für alle möglichen Dinge benutzt, die nicht mehr funktionieren, ebenso für alles, was symbolisch gesehen «gestorben» ist, und auch für Dinge, die keinen Spaß mehr machen.
Susanne Bergmann, Québec, Kanada

kaputt

Französisch für: **kaputt / müde / tot**

Mit dem Wort bin ich auch schon groß geworden: Meine Mutter war «kaputt», wenn sie von der Arbeit kam; die Waschmaschine war irgendwann auch kaputt ...
Bei Gegenständen denke ich, dass die Verwendung von «kaputt» oft darauf hinweisen soll, dass besagter Gegenstand ziemlich endgültig «kaputt» ist und besser entsorgt werden sollte! Ich würde sagen, dass «kaputt» als Synonym des französischen «HS» (für «hors service») gebraucht wird. Beide bewegen sich im Bereich der Umgangssprache.
Cécile Charvieux, Braunschweig, Deutschland

nusu kaput

Kiswahili für: **Narkose**

In die ehemals deutsche Kolonie Deutsch-Ostafrika (Tanganjika, heute Tansania) sind einige deutsche Begriffe eingewandert, die auch heute in der Landessprache Kiswahili noch gebräuchlich sind. Ein recht witziges Beispiel heißt «nusu kaput».
Die Bedeutung von «nusu» ist «halb». Die Narkose wird daher noch heute mit «nusu kaput», also «halb kaput», umschrieben. Ich habe auch schon die abgewandelte Version «nusa kaput» für Narkose gelesen.
Thomas Smolarczyk, Auenwald, Deutschland

Schadenfreude

Australisches Englisch für: **Schadenfreude**

Waehrend einige Englisch-Woerterbuecher die deutsche Schadenfreude in «malicious joy» uebersetzen, habe ich diesen englischen Ausdruck noch nie in Gespraechen oder den australischen Medien gehoert. Das Wort «Schadenfreude» wird jedoch, nach seinem Aufstieg vor mehreren Jahren, relativ regelmaessig benutzt. Gefragt nach der Bedeutung, sagen die meisten Australier «to laugh at somebody's misfortune».

Es scheint jedoch, dass das Wort einen schoeneren und exotischeren Klang hat und unterstreicht, dass es sich hierbei nicht unbedingt um eine einheimische Emotion handelt, obwohl man die Faszination mit ihr durchaus versteht. Eine wunderschoene Erklaerung des Wortes mit weiterem deutschen Einfluss hoerte ich einen Australier einst geben: «Schadenfreude is what you feel when you see two big Mercs [Mercedes Benzs] having a small accident.» [Schadenfreude ist das, was man fühlt, wenn man sieht, wie zwei große Mercedes Benz einen kleinen Unfall haben.]

Martin Fadinger, Yarraville, Australien

Schadenfreude

Englisch für: **das Gefühl der Freude, das man empfindet, wenn jemand leidet, den man selbst nicht leiden kann**

Edward Sapir und Benjamin Whorf behaupten, dass man nur das empfinden kann, was man in Worten ausdrücken kann. Da wir nicht zugeben wollten, dass wir solche unwürdigen Gefühle empfinden wie Schadenfreude, mussten wir den Deutschen die Schuld in die Schuhe schieben. Ganz schön geschickt von uns, nicht?

Colin Hall, Dundee, Großbritannien

der Schlagbaum

Russisch für: **die Sperre**

Die Schlagbaeume gibt es ueberall in der ganzen Welt. Manchmal schuetzen sie die Menschen vor der Gefahr. Wenn sie zum Beispiel an einer Autobahn sind, geben sie den Weg den vorbeifahrenden Zuegen. Manchmal nerven sie sehr, wenn sie als eine Sperre an der Laendergrenze benutzt werden. Sie teilen die Welt auf unser und fremd.

Nailja Battalova, Kaliningrad, Russland

Schlagbaum – шлагбаум

Russisch für: **Schranke am Bahnübergang**

Schon von Kind auf fand ich das Wort einfach herrlich, ohne noch mit der deutschen Sprache vertraut zu sein. Das Wort hat irgendwas maechtiges, schweres und man begegnete dem staendig, in der Stadt, auf der Datsche, in jedem Dorf, welches einen Bahnanschluss hatte. Als ich dann nach dem Erlernen der deutschen Sprache meinen Gaesten in Russland und Freunden in Deutschland das Wort und dessen Bedeutung sagte, rief das immer ein allgemeines Lachen hervor. Das habe ich immer noch nicht verstanden, warum, aber das ist irgendwie fuer mich das unbekannteste deutsche Wort in der russischen Sprache.

Eugen Fefler, Moskau, Russland

Waldsterben

Französisch für: **Waldsterben**

Habe einen Artikel im *Le Monde* gelesen, in dem das Wort benutzt wurde.
Die Franzosen möchten damit wohl andeuten, dass es sich um ein rein deutsches Problem handelt.
Alexander Ehrmann, Pulheim, Deutschland

Waldsterben

Französisch für: **Waldsterben**

Aufgrund des Fehlens eines franz. Wortes wurde dieses Wort übernommen. Es ist erstaunlich, da die Franzosen einen Hang zur Erhaltung der französischen Sprache haben und normalerweise keine fremden Wörter übernehmen.
Mark Lohse, Bremerhaven, Deutschland

Blitz

Amerikanisches Englisch für: **einen bestimmten Verteidigungsspielzug beim American Football**

Das Wort «Blitz» wird im American Football vom Wort «Blitzkrieg» abgeleitet.
Es beschreibt einen bestimmten Verteidigungsspielzug, bei dem der Quarterback, also der Spielführer der Angriffsmannschaft, von der gegnerischen Verteidigungsmannschaft so plötzlich und schnell attackiert wird, dass er keine Chance mehr hat, den Ball an einen Mitspieler abzugeben. Die Verteidigungsmannschaft führt also eine Art «Blitz(krieg)»-Spielzug gegen die angreifende Mannschaft erfolgreich zu Ende.
Nebenbemerkung: Das deutsche Wort «Blitzkrieg» ist den Amerikanern aufgrund des vergangenen 2. Weltkrieges noch sehr gut im Bewusstsein und wird auch in seiner ursprünglichen Bedeutung noch recht häufig verwendet.
Monique Breithaupt-Peters, Offenburg, Deutschland

un blitz

Italienisch für: **Razzia**

Ich fürchte, dass im Verlaufe der deutschen Besetzung Italiens «un blitz» eingewandert, dafür Razzia nach Deutschland ausgewandert ist.

Wilfried Schmerbach, Erkrath, Deutschland

Blizkrig

Russisch für: **Blitzkrieg**

Stammt aus der Hitlerzeit. Wird oft privat und fröhlich für plötzlich aufkommenden und schnell beendeten lauten Streit benutzt.

«Die hatten nur einen Blitzkrieg.» Im Sinne «alles nicht so ernst».

Elena Gram, Bayreuth, Deutschland

Blitz

Russisch für: **in Verbindung mit anderen Wörtern**
Blitzkrieg bzw. Blitzumfrage, -quiz, -turnier

Das einsilbige deutsche Wort «Blitz» hat in der russischen Sprache keine so einsilbige Geschichte hinter sich.
«Blitz» kam nach Russland wie übrigens in viele andere Länder der Welt in den Vierzigern zusammen mit «Krieg».
«Der Blitzkrieg» war es, was Hitler und seine Feldmarschalle unter einer rasanten Offensive im Osten verstanden, was zur schnellen Kapitulation der Sowjets führen sollte. Der kühne Plan scheiterte. Das Wort blieb ...
... Einige Jahrzehnte später tauchte dieses fast vergessene und in die Geschichtsbücher verdrängte Wort wieder auf, diesmal in einem viel «friedlicheren» Zusammenhang.
Im Zuge einer schnellen Entwicklung von Massenmedien und Freizeitkultur entstanden einige neue Wörter, die bisher unbekannte Begriffe bedienen sollten: «bliz-viktorina» (so was wie «Quiz auf Schnelligkeit»), «bliz-opros» (Blitzumfrage), «bliz-turnir» (Blitzturnier). Alle Begriffe haben einiges zusammen: Du hast keine Zeit zum Grübeln, her mit der Antwort, los!
So existiert «Blitz» im russischen Sprachgebrauch zwischen Militär und Entertainment, aber nur wenige Russen wissen, dass der eigentliche Blitz eine schöne aber nicht unbedingt harmlose Naturerscheinung bezeichnet, die niemanden «kalt» lässt.

Alexei Medvedev, Hamburg, Deutschland

Hilbert's Nullstellensatz

Englisch für: **einen mathematischen Satz**

Hilberts Nullstellensatz ist ein mathematischer Satz in der Algebra, der sich mit Nullstellen, d. h. den Werten, an denen eine Funktion, in diesem Fall von Polynomen (z. B. $x^{12} + 2x$), Null ist, befasst. Dieser Satz wurde von David Hilbert (1862–1943) in Göttingen formuliert. Interessant finde ich hier, dass es, wie heute in umgekehrter Richtung, im Englischen durchaus die Möglichkeit gäbe, «Nullstellensatz» zu übersetzen etwa als «Hilbert's theorem of roots» wie es auch mit dem Hilbertschen Basissatz als «Hilbert's basis theorem» passiert ist. Grund mag, neben dem enormen Einfluss, den Hilbert auf die Mathematik der Zeit um und nach 1900 hatte, sein, dass im Englischen «root» auch, wie im Deutschen «Wurzel», sowohl die biologische als auch die mathematische Bedeutung hat und es dort zu Missverständnissen kommen könnte. Jedoch sind die Nullstellen in Hilberts Nullstellensatz Wurzeln.

Jens Putzka, Bonn, Deutschland

Degausing

Englisch für: **Entmagnetisierung**

Im Zweiten Weltkrieg verwendeten die Deutschen Bodenminen für Schiffe mit Magnetzündern. Die Art von Zündung konnte man sich nicht erklären, bis eine Mine im Schlick der Themsemündung aufschlug, daher sichtbar blieb und durch den seichten Aufprall nicht explodierte.
Bei der Entschärfung der Bombe sah man die deutsche magnetische Einheit «Gauß».
Da zu diesem Zeitpunkt in England noch keine Bezeichnung für die magnetische Feldstärke vorlag, übernahm man die nach einem deutschen Physiker benannte magnetische Feldstärke und nannte die Entmagnetisierung der Schiffe «Degausing». Auch heute noch verwendet für die Bildröhrenentmagnetisierung in Fernsehgeräten.
Gottfried Engendahl, Selfkant-Hoengen, Deutschland

Bremsstrahlung

Jede Sprache (physikalischer Fachjargon) für: **Bremsstrahlung**

«Bremsstrahlung» ist eins von vielen Wörtern, die – wahrscheinlich mangels einer geeigneten Übersetzung – in die gängige Fachsprache übernommen wurden. Es beschreibt das Phänomen, dass geladene Teilchen (z. B. Elektronen),

die beschleunigt, abgebremst oder umgelenkt werden (all das bezeichnet der Physiker als Beschleunigung), Strahlung aussenden. Andere deutsche Wörter in der internationalen Fachsprache sind die Vorsilbe «Eigen-» (z. B. «Eigenwert» oder «Eigenvektor», werden im Englischen zu «Eigenvalue» und «Eigenvector», und sie werden sogar richtig ausgesprochen!), sowie der «Ansatz» für die Lösung eines mathematischen Problems.
Es ist also auf Englisch möglich, «to make an Ansatz to get the Eigenvalues of the Bremsstrahlung». Das ergibt zwar wissenschaftlich keinen Sinn, ist sprachlich aber richtig.
Steffen Brinkmann, Heidelberg, Deutschland

luft

Russisch für: **den Abstand zwischen zwei Werkstücken**

das russische hat viele technische fachbegriffe aus dem deutschen übernommen. so auch das wort «luft». es wird jedoch nur in diesem spezifischen zusammenhang gebraucht. im heutigen deutsch würde man «spiel» dazu sagen.
Sabine Colbus, Alsting, Frankreich

Bauplan

Englisch für: **wird als technische Bezeichnung für die Morphologie von Organismen benutzt, insbes. im Zusammenhang mit phylogenetischer Relevanz von Bauplänen**

Ein Beispiel:
If Haeckel was right, and animals are all related we ought to be able to make supergroups of phyla, using Bauplans.
http://www.leeds.ac.uk/chb/lectures/edb10html
Renate Matzke-Karasz, München, Deutschland

Wenn Haeckel Recht hätte und alle Tiere miteinander verwandt sind, dann müssten wir anhand von Bauplänen Übergruppen von (biologischen) Stämmen definieren können.

eigenvalue

Englisch für: **Eigenwert**

Das deutsche Wort «Eigenwert» ist ein mathematischer Fachbegriff, der zuerst in Deutschland eingeführt wurde und teilweise übersetzt, was ich besonders interessant finde, ins Englische übernommen wurde.
Ein Eigenwert zu einer Funktion f und einem Eigenvektor v ist eine Zahl a, so dass f(v) = a v gilt. Diese Teilübersetzung führt bei englischen oder amerikanischen Studenten bisweilen

dazu, dass sie denken, diese Zahl sei von einem deutschen Mathematiker namens Eigen eingeführt worden, was jedoch nicht stimmt.
Jens Putzka, Bonn, Deutschland

Ersatz

Französisch für: **nicht authentisches Produkt**

Das Wort wird heutzutage wohl nicht mehr so oft verwendet, aber das war eines der Lieblingswörter meiner Oma! «Ersatz» kennt die Kriegsgeneration auf jeden Fall.
Das Wort wurde benutzt, um Produkte zu bezeichnen, die während des Kriegs aus Mangel an der echten Ware tatsächlich «ersetzt» wurden, so war es z. B. für Kaffee der Fall, der eigentlich gar kein Kaffee war, dennoch so genannt wurde. Später hat sich die Bedeutung auf andere Dinge erstreckt, die nicht echt waren (Kopien von Markendüften, die es zeitweise in Hülle und Fülle gab, sind das Erste, was mir dazu einfällt).
Cécile Charvieux, Braunschweig, Deutschland

preiswert

Niederländisch für: **preiswert**

Das niederländische Wort, das «preiswert» am ehesten entspricht, lautet «goedkoop», wortwörtlich «gutkauf», ähnlich dem gleichbedeutenden französischen «bon marché». Das deutsche «preiswert» bezieht sich aber auf das Preis-Leistungs-Verhältnis: ein Gegenstand ist nicht nur billig (was schließlich oft einen abwertenden Beiklang hat), sondern auch seinen Preis wert.

Jan Klom, Münster, Deutschland

vigéc

Ungarisch für: **Verkäufer, der von Tür zur Tür geht**

Auf Ungarisch wird es folgendes geschrieben: «vigéc», phonetisch übernommen von der Deutschen Frage «Wie geht's?». Die Geschichte scheint mir einfach zu sein. Der Verkaufer, der von Tür zur Tür geht und versuch seine Ware zu verkaufen, muss höfflich sein um bei seinen Kunden einen guten Eindruck zu machen. Deshalb ist seine erste Frage «Wie geht's?». So kommt, dass wenn jemand klingelt, und beim Türöffnen als erstes «Wie geht's?» sagt, kann man davon ausgehen, dass derjenige irgendwas verkaufen will. Die Geschichte geht, denke ich, an die Österreichische-

Ungarische Monarchie zurück, als Deutsch auch in Ungarn die offizielle Sprache war. Heutzutage begrüßen die Verkaufer natürlich auf Ungarisch, aber der Ausdruck, die Bezeichnung dieser Art von Verkaufer ist geblieben. Außerdem wird von diesem Nomen auch ein Werb abgeleitet; auf Ungarisch: «vigéckedni», also als «vigéc» tätig sein und sein Geld auf diesem Weg zu verdienen.

Zita Toth, Rostock, Deutschland

Suche

Chilenisches Spanisch für: **Hausbedienstete**

Die starke und intensive Auswanderung in der Zeit des Pauperismus (in Deutschland) hat zu einer mächtigen Einwanderungswelle in Chile und hier hauptsächlich in den Süden geführt. Nachdem sich die ersten Einwanderer gut eingelebt hatten und durch Fleiß und Zielstrebigkeit auch zu einem gewissen Reichtum gekommen sind, wurden in den deutschen Betrieben auch einheimische Kräfte eingestellt, so auch in privaten Haushalten. Um nun das Bedürfnis nach einheimischen Arbeitskräften auch werbewirksam darzustellen, hängte man oft in Haus- oder Schaufenstern eine Stellenausschreibung aus. Diese begannen oft mit dem Wort «Suche ...» Damit man dies auch aus der Entfernung gut lesen konnte, wurde das «Suche» groß und weithin sichtbar geschrieben. Im Laufe der Zeit wurde dieses «Suche» zum Kürzel für die Gesuchten! So verwendet man heute noch in der chilenischen Sprache (Castellano) das deutsche Wort «Suche» – ausgesprochen: «sutsche» – als Bezeichnung für Personen, die die sog. einfachen Arbeiten von Hausbediensteten ausführen: Gärtner, Laufboten etc. So müsste es heute heißen: Suche suche ...

Felix E. Emminger, Vitacura – Santiago, Chile

arbeito

Japanisch für: **Zweitjob**

bis zum 2. weltkrieg war deutschland für japan ein vorbildstaat.
deutsche tugenden wie arbeitsdisziplin wurden sehr stark bewundert.
mehrarbeit in einem zweiten job, was auch heute sehr verbreitet ist, ein lehrer fährt vor der schule taxi o. ä., wurde mit dem wort «arbeito» bezeichnet.
das angehängte «o» dient lediglich der leichteren aussprache.

Chr. W. Zeller, Wattenheim, Deutschland

baito

Japanisch für: **Job/jobben**

«baito» ist die Verkürzung von «arubaito», der japanischen Aussprache von «Arbeit», allerdings bezeichnet es nicht die reguläre Tätigkeit im erlernten Beruf, sondern eher die Nebentätigkeit z. B. eines Studenten, die wir wiederum gerne mit dem Anglizismus «Job» benennen.

Patric Freiherr Droste zu Senden, Münster, Deutschland

Berufsverbot

Englisch für: **Berufsverbot**

Bedauerlich, aber wahr.

Hasso v. Samson, Bergisch Gladbach, Deutschland

Buchhalter

Russisch für: **Buchhalter**

Wir Russen sagen «бухгалтер», das deutsche «h» wird immer zu «g» im Russischen.
Das ist die Bezeichnung für einen sehr verbreiteten (meistens) Frauenberuf in Russland. Fast allen ist bewusst, dass das ein deutsches Wort ist, da das Wort «Buch» wohl bekannt ist. Was genau zu den Aufgaben eines Buchhalters gehört, kann ich schwer sagen. Meistens sitzen sie im Büro und zählen etwas zusammen. Ungefähr dasselbe wie die ursprüngliche Bedeutung.
Svetlana Baglyk, Karlsruhe, Deutschland

stabel (штабель)

Russisch für: **Stapel**

Stapel sorgt für Ordnung und Korrektheit ... alles liegt an der richtigen Stelle.
Diese Werte und dann auch noch Pünktlichkeit ergeben einen Stereotyp für den deutschen Charakter in Russland.
Bei der «Auswanderung» wurde aus dem stumpfen «p» ein klingendes «b».
Anja Tkatch, Berlin, Deutschland

cetli

Ungarisch für: **Zettel**

Dieses Wort sagt man auf Ungarisch, wenn er nur ein kleines Stuck Papier benutzt, um etwas zu notizen. Also, die bedeutung ist gleich, wie in der deutschen Sprache.

Barbara Schmuck, Esztergom, Ungarn

Die Hamburger Rechnung

Russisch für: **richtiges, gerechtes, faires Ergebnis**

Diese ganz stolze und würdige Redensart verdankt das Russische der freien Hansestadt. Es wird überliefert, dass «nach der Hamburger Rechnung handeln» heißt: gerecht, fair, richtig handeln, ohne vorherige geheime Kompromisse, Vereinbarungen, schwarzes Spiel, Schatteneinfluss. Nach der Hamburger Rechnung gilt nur das, was wirklich geleistet wird, dem Sinn und Wesen nach, deutlich und offensichtlich, und das Niveau vom Geleisteten lässt nie und niemanden vor Scham erröten. Die Hamburger Rechnung ist Echtheit in Fleisch und Blut.

Der Ausdruck ist auf die Sprache und das Handeln der Hamburger Ringer zurückzuführen und es bezog sich zunächst auf die Resultate des Ringens.

Natalia Gorbel, Petrosawodsk, Russland

schubladiser

Französisch für: **zu den Akten legen, auf die lange Bank schieben, die Sache vertuschen, eine Angelegenheit nicht behandeln wollen**

In einem offiziell mehrsprachigen Land wie der Schweiz wandern viele Wörter innerhalb der Landesgrenzen, aber zwischen den Sprachgemeinschaften. So gibt es Hunderte von französischen Wörtern im schweizerdeutschen Dialekt und im Schweizer Hochdeutschen, sie kommen aus unterschiedlichen Domänen wie Verkehr (Velo, Auto, Camion, Trottoir) oder Essen (Apéritif, Entrée, Dessert, Glace).
Ein Begriff soll als Beispiel aufgegriffen werden: das Verb «schubladiser».
Seit den 1980er Jahren mündlich und schriftlich gebraucht, v. a. in politischen und verwaltungsinternen Diskussionen und in der Presse, im Sinne von «zu den Akten legen», «auf die lange Bank schieben», «die Sache vertuschen», «eine Angelegenheit nicht behandeln wollen», das Wort wird orthografisch dem Französischen nicht angepasst, es wird mit oder ohne Anführungszeichen gebraucht, und auch in Form einer Nominalisierung, «schubladisation».
Claudine Brohy, Fribourg, Schweiz

szuflada

Polnisch für: **Schublade**

Es gibt viele Wörter in der polnischen Sprache, die deutscher Herkunft sind. Die meisten haben ihre Entsprechung, die «rein polnisch» ist, und beide sind gleichberechtigt im Sprachgebrauch. «Szuflada» gehört zu den wenigen Fällen, die über diese Entsprechung nicht verfügen, d. h. es gibt keinen anderen Begriff für die Schublade. Was interessant sein könnte, ist die Tatsache, dass eine Ableitung der «szuflada» sehr populär geworden ist – es geht um das Verb «zaszufladkowac» = einer bestimmten Kategorie zuordnen, wobei sich der Begriff meist auf Menschen bezieht und eher eine pejorative Bedeutung hat, im Sinne von «oberflächlich». «Zaszufladkowanie» als Nomen kann man demnach als «oberflächliche Menscheneinschätzung» verstehen.

Magdalena Malecka, Rzeszow, Polen

Anzug

Bulgarisch für: **Haus- bzw. Trainingsanzug**

Ein «Anzug» (Анцуг), auch «Anzung», bezeichnet im Bulgarischen einen Haus- oder Trainingsanzug. Die elegante Herrenbekleidung hingegen heisst «Kostjum» (Костюм).
Eine Konversation in Bulgarisch zwischen meiner Bekannten Sandra, einer Deutschen, und einem bulgarischen Freund:
Freund: «Ich gehe am Wochenende auf eine Hochzeit.»
Sandra: «Ach, schoen! Was ziehst du an? Einen Anzug?»
Freund (unglaeubig): «Einen Anzug?! Auf gar keinen Fall! (pikiert) Ich gehe doch auf eine Hochzeit!»
Sandra: «Ja, genau. Dann ist das doch die richtige Kleidung. In Deutschland ist es absolut normal, dass die Maenner auf Hochzeiten Anzuege tragen.»
Nico-Alexander Jahn, Sofia, Bulgarien

habengut

Dänisch für: **das, was du besitzt und mit dir tragen kannst**

Das Wort stammt von «Hab und Gut», und ist dann zusammengeschrieben bzw. gesprochen. Das Wortpaar ist wie viele andere Wörter mit Wandergesellen nach Dänemark getragen worden.
Torben Fessel, Leipzig, Deutschland

Alte Sachen

Hebräisch für: **Pferdewagen, der alte Sachen sammelt**

Im Hebräischen bezeichnet «Alte Sachen» einen Wagen mit einem Pferd, der durch die Stadt fährt, und der Kutscher ruft dazu mit dem Lautsprecher «Alte Sachen! Alte Sachen!». Leute können ihm dann ihre alten Elektrogeräte verkaufen (z. B. Fernseher, Waschmaschinen und Kühlschränke usw.) und auch alte Möbel, die sie nicht mehr brauchen und billig abgeben, statt sie wegzuwerfen.
Später kann der «Altesachener» sie restaurieren und weiterverkaufen.
Heute gibt es nur noch wenige «Alte Sachen», aber früher waren sie in jedem Dorf und jeder Stadt, manchmal täglich. In größeren Städten, besonders in den Straßen von Tel Aviv, kann man manchmal auch heute noch den Ruf mit dem Lautsprecher «Alte Sachen» von der Straße hören, und dann kann man sich an die pastoralen 50er bis 90er Jahre erinnern, als die «Alten Sachen» ein integraler und wichtiger Teil des Stadtlebens waren.
Shaked Spier, Kfar Vitkin, Israel

Amerikanisches Englisch für: **o. k.**

Ein Kuriosum in der Gruppe der ausgewanderten Wörter ist ein Wort, das in der Ursprungsform aus zwei Buchstaben und Abkürzungspunkten besteht. In amerikanisierter Form wanderte es um die ganze Welt und ist in allen Bildungsschichten gebräuchlich.

Zu der Zeit, als in den USA die Einführung der deutschen Sprache als Amtssprache nur knapp scheiterte, waren die deutschstämmigen Einwanderer nicht nur im Brauwesen dominant. Auch der Buchdruck war weitgehend von deutschen Druckern (und Setzern) bestimmt.

Hatten die Korrektoren einen Korrekturabzug gelesen und keinen Fehler gefunden – einen solchen Abzug nennt man eine «Jungfer» –, dann versahen sie diesen Abzug mit dem Vermerk «o. K.», d. h. «ohne Korrektur». Daraus entstand in der amerikanisierten Aussprache dieser beiden Buchstaben das «Okay». Ein Rudiment der Ursprungsform ist vielleicht im Deutschen noch vorhanden, wenn beispielsweise ein Geschäftsmann schreibt: «Geben Sie uns für diese Vereinbarung Ihr Okay?»

Völlig verkehrt wäre es also, dann zu antworten, «Ja, aber erst nach Korrektur einiger Vertragspunkte».

Alles okay?

W. D. Speckmann, Rattiszell, Deutschland

abseiling

Englisch für: **abseilen**

In vielen englischsprachigen Ländern (UK, Australien, Südafrika, etc.) wird das deutsche Wort «abseilen» als «abseiling» alleine oder in Verbindung als «abseiling contractor» benutzt und bezeichnet wie im Deutschen das Abseilen mittels eines Seils oder einer Leine. Der «Abseiling Contractor» ist ein Bauhandwerker, der in allen Fällen, bei denen kein Gerüst aufgebaut werden kann, mittels eines Seils bzw. eines «ropes» z. B. Bäume beschneidet, Hochhäuser saniert oder Brücken auf Schäden untersucht. Auf meine Frage an einen solchen Handwerker in London, der an einem Seil hängend einen Baum beschnitt, wie sein Beruf zu bezeichnen sei, erhielt ich die Antwort «I'm an abseiler ...»

Thomas Kraft, Pesch, Deutschland

uber (über)

Englisch für: **toll, spitze**

In der englischen Jugendsprache hat sich das «uber» [juber] als Steigerungsform von «super» oder «mega» herausgebildet. Alle sozialen Klassen der heutigen Jugend Groß-

britanniens benutzen dieses Wort und sind immer wieder überaus erstaunt, wenn man sie aufklärt, dass es ein «uber» nicht gibt in der deutschen Sprache – Umlaute kennen sie nicht und denken beim Nutzen des «uber» immer, sie würden deutsch sprechen.
Wie es nach Great Britain kam? Das weiß niemand der Befragten.
Christian Fuchs, Berlin, Deutschland

über ...

Britisches Englisch für: **über**

Beim Zeitungslesen in Grossbritannien finden sich immer wieder deutsche Woerter. Fuer mich am haeufigsten aufgetreten ist «über».
«Über» wird in Grossbritannien vielfaeltig verwendet. Meist allerdings ohne «ü». Hin und wieder findet das Wort «Uberflieger» (gleiche Bedeutung, keine Übersetzung moeglich) seinen Weg in die Presse.
Vor allem aber wird «über» in Zusammensetzung mit englischen Woertern verwendet: «uber-rich», «uber-big», «uber-strong» und «uber-powerfull». Dadurch wird die englische Bedeutung des jeweiligen Wortes vervielfaeltigt, oder aber sarkastisch ins Gegenteil gewandelt. Je nach Zusammenhang.
Angelika Mohr, London, Großbritannien

ueber

Amerikanisches Englisch für: **super**

The customary words used to intensify expressions – really, super, pretty, hella, totally, and awesomely – have been amplifying American teenage speech for some time. Recently, «über» has entered into this grouping of words, which aid in proclaiming verbal exclamation and excitement. Relieved of its umlaut in American English, «uber» is typically partnered with an adjective or noun to express an additional level of positive or negative sentiment. The particularly guttural sound of its first syllable makes «uber» a trendy amplifier for regularly used adjectives, providing more flair to a conversation; for example, «That movie was uber scary». Additionally, using «uber» can, also provide a contemporary touch to a topic, emphasizing a matter or thing as being current, or in style – for example, as in, «Rumors about uberauthor JK Rowling's final book of the Harry Potter series are causing a stir». The incorporation of «uber» into the modern American lexicon most likely originates from references to the Übermensch in American pop culture, which has misconstrued Übermensch to be a Nazi vision of a supreme, purely Aryan being. This American understanding of the word is not concordant with Nietzschean philosophy, Übermensch's true origin.

Robert Keeley, Worcester, Massachusetts, USA

Die gebräuchlichen Wörter, um Äußerungen zu intensivieren – «really», «super», «pretty», «hella», «totally» und «awesomely» – verstärken die Sprache von amerikanischen Teenagern schon seit geraumer Zeit.

Seit kurzem gehört auch «über» zu dieser Gruppe von Wörtern, die helfen sollen, einer verbalen Äußerung oder dem Ausdruck von Gefühlen mehr Nachdruck zu verleihen.

Im amerikanischen Englisch von seinem Umlaut befreit, begleitet «uber» normalerweise ein Adjektiv oder ein Nomen, um auf einer zusätzlichen Ebene positive oder negative Empfindungen zum Ausdruck zu bringen.

Der besonders kehlige Klang seiner ersten Silbe macht «uber» zu einem trendigen Verstärker gebräuchlicher Adjektive und gibt einer Konversation mehr Flair, zum Beispiel: «Dieser Film war ‹uber› gruselig.» Außerdem kann der Gebrauch von «uber» einem Thema in manchen Fällen auch eine zeitgemäße Note verleihen und die Aktualität oder die Stilechtheit einer Sache oder eines Gegenstandes hervorheben – wie zum Beispiel in: «Gerüchte über das letzte Buch der Harry-Potter-Reihe von ‹uber›-Autorin J.K. Rawling sorgen für Aufregung.»

Die Aufnahme von «uber» in den modernen amerikanischen Wortschatz rührt höchstwahrscheinlich von der Bezugnahme auf den Übermenschen in der amerikanischen Popkultur her, die den Übermensch als Nazivision eines alles beherrschenden, rein arischen Wesens fehlinterpretiert hat. Dieses amerikanische Verständnis des Wortes stimmt nicht mit der Nietzscheschen Philosophie, dem eigentlichen Ursprung des Begriffs «Übermensch», überein.

überhaupt

Niederländisch für: **überhaupt**

Zum Thema «Wörterwanderung» kann ich beitragen, dass hier in den Niederlanden das deutsche Wort «überhaupt» recht häufig benutzt wird und auch ganz ofiziell im Wörterbuch zu finden ist (siehe Anhang!). Dort wird es auch «Germanisme» gekennzeichnet.
In der Praxis wird es jedoch meist nur gesprochen und weniger im Schriftverkehr benutzt – wohl auch weil die Umlautpünktchen so schwer zu finden sind auf einem holländischen Computer.
Alexander Kühn, Harderwijk, Niederlande

überhaupt

Niederländisch für: **wie im Deutschen – überhaupt**

Die Niederländer benutzen das deutsche Wort im gleichen Zusammenhang wie die Deutschen. Es klingt sehr witzig, wenn ein Niederländer auf einmal dieses deutsche Wort zwischendurch benutzt. Sie sagen zum Beispiel auch «... en überhaupt! ...», was im Deutschen «... und überhaupt! ...» heisst. Im Niederländischen gibt es kein Synonym für dieses deutsche Wort, jeder kennt es und benutzt es.
Zum anderen schreibt man im Niederländischen das Wort

auf die gleiche Weise, also auch mit Umlauten, die ja im Prinzip im Niederländischen nicht bestehen und auch auf keiner Tastatur zu finden sind.

Karen Ochsenfart, Utrecht, Niederlande

Angemessen

Sudabeh Mohafez

An dem Tag trug ich ein Dirndl. Ich hatte drei verschiedene, und dies war mein Lieblingsdirndl, grün und mit kleinen Rosen darauf. Es war warm in Teheran, die Sonne blendete. «Oktober 1966» steht in der runden Schreibschrift meiner damals einunddreißigjährigen Mutter auf der Rückseite des Fotos. Die ehemals schwarze Tinte ihres Füllers hat mit den Jahren die Farbe eines tiefdunklen Aquamarins angenommen, und ich kann mir die Tatsache, dass ich mich an diese Begebenheit überhaupt erinnere, obwohl ich ja gerade erst drei geworden war, nur damit erklären, dass wir im Familienkreis später noch mehrmals Ähnliches erlebten.

Was ich zu erinnern meine, ist brüchig, schwammig und ungewiss – bis auf eines: das Wort, das der Mann, der auf dem Foto neben mir steht, freudestrahlend sagte. Es ist Teil der Hörerinnerungen meines Lebens geworden, als hätte etwas in mir damals schon gewusst, dass es eine Wichtigkeit hat, etwas Wesentliches transportiert, etwas, das mir allerdings schleierhaft

war, und tatsächlich sollte es schließlich noch über zwanzig Jahre dauern, bis ich eine erste Ahnung davon bekam, was sich mir in diesem Moment, der, auf Celluloid und Fotopappe gebannt, heute als Schwarz-Weiß-Reminiszenz auf meinem Schreibtisch liegt, dargeboten hat als fein gewebtes Muster im Teppich meines Lebens. Meine Mutter, schwarze Pariser Pfennigabsätze, Dreiviertelarmoberteil aus einem Gemisch dunkler Seide und Baumwolle, knielanger, figurbetonter Rock und die Haare modisch hochgesteckt, bückt sich zu einem Wägelchen hinunter, das man heute Buggy nennen würde und in dem mein kleiner Bruder sitzt. Ich lächle in die Kamera. Neben mir steht der junge Mann, vielleicht siebzehn, achtzehn Jahre alt, in Anzug und weißem Hemd, aber noch deutlich einer anderen Realität von Zugang zu Geld und Bildung angehörend als meine Familie. Er strahlt und winkt mir zu. Seine weiche, melodische und möglicherweise vom Stolz über seine Kenntnisse ein wenig gehobene Stimme klingt mir noch in den Ohren.
Mit leuchtenden Augen sagte er: «Oilitleh!» Er sagte es zweimal, und beim zweiten Mal wendete sich meine Mutter mit einem höflichen Lächeln hilfesuchend zu meinem Vater um, der gerade die Fotos schoss.
Wie die Situation ausging, weiß ich nicht mehr, nur dass ich später im Auto fragte, was der Mann denn gesagt habe, weil ich das Wort nicht kannte und spürte, dass irgendetwas nicht in Ordnung war. Ach, sagte mein Vater, nichts weiter. Er hat Oilitleh gesagt. Viele meiner Landsleute glauben, das sei die schickliche Art, Deutsche zu begrüßen. Ich machte ein Liedchen aus dem Wort, was meinen Vater zum Lachen brachte. Oilitleh, Oilitleheh, Ohoilitleh und immer so fort, bis meine Mutter auf dem Beifahrersitz herumfuhr, mich ärgerlich ansah und

mir den Mund verbot. Erschrocken über die ungewohnte Behandlung, starrte ich verwirrt, auch verschämt, auf den Boden. Sie aber sagte nichts weiter, drehte sich nur um und schwieg beharrlich. Was heißt das, fragte ich später meinen Vater, der mich ins Bett brachte. Was heißt Oilitleh? Das Sprech- oder besser Singverbot hatte dazu geführt, dass ich inzwischen ganz vernarrt war in das Wort. Und warum hat der Mann den Arm so komisch nach vorn gestreckt, als er es sagte?

Vater strich mir über die Stirn. Es gab einmal einen König in Deutschland, erklärte er. Er hieß Hitler und er dachte, die besten Menschen der Welt kämen aus dem Iran. Er nannte sie Arier. Und, wie du weißt, ist der Titel unseres iranischen Königs Shâhanshâh Âriâmehr, Kaiser der Könige, Licht der Arier. Die Deutschen mögen die Iraner deswegen, und die Iraner mögen die Deutschen, genau wie deine Mutter und ich uns auch lieben. Diesen König begrüßte man so, wie der Mann auf der Straße deine Mutter begrüßte, als er herausfand, dass sie Deutsche ist: Man streckte den Arm aus und sagte: «Heil Hitler!» Mit einem persischen Akzent gesprochen, klingt das dann wie Oilitleh.

Ich dachte über den alten, deutschen König nach. Irgendetwas stimmte immer noch nicht. Mein Vater schaltete das Licht aus, aber ich rief ihn zurück. Warum darf ich denn nicht von dem König singen?, wollte ich wissen.

Weil er ein schlechter König war, Kind. Schlechte Könige sollte man nicht besingen, gab er mir zur Antwort. Dann zog er die Tür zu und ich spürte, dass dies eine abschließende Erklärung gewesen war, eine, auf die keine weitere folgen würde. Trotzig summte ich mein Oilitleh-Melodie vor mich hin, bis ich einschlief, und behielt diese Angewohnheit noch wochenlang bei.

loustic

Französisch für: **eine besonders lustige Person, angrenzend zum Frechdachs oder Bazi auf Bayrisch?**

Zieht man ein etymologisches Wörterbuch heran, so wird man darauf hingewiesen, dass der «loustic» über Voltaire 1762 in die französische Sprache seinen Einzug gemacht hat. Es würde von den schweizerischen Regimentern herkommen.

Allerdings, wenn ich diesem Wort eine Herkunft erdichten dürfte, würde ich gern behaupten, dass der König Lustig, Jérôme Bonaparte, Bruder Napoleons und König von Westphalen von 1807 bis 1813, auch zum Transfer des Wortes nach Frankreich beigetragen haben könnte. Seinen Spitznamen «König Lustig» verdiente er sich durch seinen Hang zu oberflächlichen Unterhaltungen und war selbst nicht abgeneigt, so genannt zu werden. Heute lustig, immer lustig. Er soll auch seine Schwierigkeiten gehabt haben, den gepflegten Spitznamen auszusprechen. War auch, zu einem gewissen Grad, Selbstironie am Werk?

Mir gefällt es zumindest, diese Wörterwanderung mit dem König Lustig in Verbindung zu setzen! Denn König Jérôme war so gesehen sicherlich «un sacré loustic»!

Claudie Paye, München, Deutschland

kanitzeen Boot

Afrikaans für: **Unterseeboot**

«Kanitzeen Boot» ist ein Boot, das man nicht sehen kann (kann nicht sehn), eben weil es sich unter Wasser fortbewegt.
Ausgesprochen wird es «Kaniziinboot».
Ich habe das Wort von einem deutschen Freund, der in Südafrika arbeitet.
Patrick Pfau, Therwil, Schweiz

unheimisch

Niederländisch für: **ängstlich, schauderhaft, unheimlich**

Dieses Wort, das es im Deutschen gar nicht gibt, ist eigentlich eine falsche Zusammensetzung aus den Wörtern: «unheimlich» (es hat auch diese Bedeutung im Niederländischen) und «heimisch».
Das Wort befindet sich auch im «Duden der niederländischen Sprache», dem «Van Dale – Groot Woordenboek der Nederlandse Taal».
Guido Leenders, Maastricht, Niederlande

unheimisch

Niederländisch für: **nicht geheuer, Angst verursachend**

Bei diesem Wort handelt es sich offensichtlich um eine Verwechselung mit «unheimlich». «Unheimisch» klingt dem Niederländer drohender in den Ohren als «unheimlich». Politiker, Journalisten und Autoren verwenden dieses Wort, ohne sich groß um den Fehler zu kümmern. Wenn man so will, ist hier ein Wort ausgewandert, von dessen Existenz selbst die Muttersprache nichts gewusst hat.

Jeff Peschen, Zuid-Scharwoude, Niederlande

Angst

Englisch für: **große Angst, Beklemmung**

In England wird gerne «Angst» verwendet, um panische Beklemmung darzustellen, z. B. gibt es «Teenage Angst». Die frühen Alben der Band Radiohead wurden beispielsweise als perfekter Ausdruck von «Teenage Angst» bezeichnet; Selbstzweifel, Minderwertigkeitskomplexe, Schwierigkeiten mit der Umwelt etc., die für Teenager in der Pubertät und auch später symptomatisch sind.

Kerstin Labas, Hofheim, Deutschland

Angst

Englisch für: **Angst vor Zukunft, Lebensangst, panische Angst**

Das Wort hat eine sehr ähnliche Bedeutung wie im Deutschen, nur dass es für eine besondere Form der Angst steht, die über einfach nur «scary» hinausgeht.
Sabine Krieg, Dresden, Deutschland

Angst

James P. Federline, Director, Government Relations, U.S. Army Garrison, Grafenwöhr

kriegsspiel

Englisch für: **1. A game in which miniature characters and blocks represent armies, ships, etc. as they move around on a drawing of a battlefield, used to simulate war and teach military tactics.**

«‹(Prof Richard) Holmes and his chums spent six months recreating the battle of Waterloo on an enormous sand table›, I am told. ‹Thousands of soldiers, cannons, and horses

were painstakingly painted and placed ready for battle›. Alas, one day school rebels broke into the kriegsspiel room and bounced footballs on his battleground. When he discovered the carnage Holmes collapsed, sobbing: ‹I want the culprits found, court martialed and shot!›»
The Scurra, The Mirror (London), Mar 4, 2002.

2. A form of chess where players see only their own pieces and an umpire keeps track of all the pieces on a third board

«‹So my father, my two brothers and I used to go for long walks and one brother would be way out in front, my father would be in the middle and the other brother would be way at the back and they'd be playing the game kriegsspiel in their head and my father would keep both positions in his mind. And my role was to carry the moves backwards and forwards, so I was the runner›.»
John Schwartz, At the Heart of the Mind, Roger Penrose Thinks Computers Have a Lot to Learn, The Washington Post, Dec 1, 1994.
Benjamin von Engelhardt, Berlin, Deutschland

Englisch für: **1. Ein Spiel, in dem Miniaturfiguren und Spielsteine Armeen, Schiffe etc. darstellen, die auf einem gezeichneten Schlachtfeld bewegt werden, um einen Krieg zu simulieren und Militärtaktiken zu lehren**

«‹(Prof. Richard) Holmes und seine Kumpel verbrachten sechs Monate damit, die Schlacht von Waterloo auf einem riesigen Sandtisch nachzubauen›, erzählt man mir. ‹Tausende von Soldaten, Kanonen und Pferden wurden sorgfältig bemalt und kampfbereit aufgestellt›. Tja, leider brachen eines Tages ein paar Schul-Raudis in den ‹Kriegsspiel›-Raum ein und prellten Fußbälle auf seinem Schlachtfeld. Als er das Massaker entdeckte, brach Holmes zusammen und schluchzte: ‹Ich will, dass die Täter gefunden, vor ein Kriegsgericht gestellt und erschossen werden!›»

2. Eine Form von Schach, bei der die Spieler nur ihre eigenen Figuren sehen und ein Unparteiischer auf einem dritten Brett die Übersicht über alle Figuren behält

«Mein Vater, meine beiden Brüder und ich machten oft lange Spaziergänge. Der eine Bruder ging immer weit voraus, mein Vater war in der Mitte und der andere Bruder weit hinten. In Gedanken spielten sie dabei das Spiel ‹Kriegsspiel›, wobei sich mein Vater immer die Positionen der Schachfiguren des einen und die des anderen Bruders merkte. Meine Rolle war, ihre Züge nach vorn und nach hinten zu übermitteln, ich war der Bote.»

die Strafe / strafen

Englisch für: **aus tieffliegenden Flugzeugen auf Bodentruppen schießen**

Das englische Wort «to strafe» hat eine enge militärische Bedeutung. Wenn ein tieffliegendes Kampfflugzeug auf gegnerische Soldaten oder andere Angriffsziele am Boden schießt, so nennt man das «to strafe». Die Übernahme dieses Ausdrucks in die englische Sprache soll aus dem Ersten Weltkrieg stammen. Damals gab es den deutschen Slogan «Gott strafe England». Das Verb wurde herausgenommen und im Englischen speziell auf diese tiefen Angriffsflüge angewendet. Das Wort wird heute weiter in diesem selben Sinn benutzt. Anders jedoch als bei manchen aus dem Deutschen ins Englische übernommenen Wörtern (wie z. B. «Schadenfreude» oder «Lebensraum») ist der Ursprung nicht leicht erkennbar und somit den meisten englischsprechenden Benutzern unbekannt, da es sehr angelsächsisch aussieht und leicht auszusprechen ist – es reimt sich mit dem «Safe».

Waltraut Lehmann, Shoreline, WA, USA

Schwalbe

Niederländisch für: **vorgetäuschtes Foul beim Fußball**

Gemeint ist also eindeutig nicht der Vogel, der auf Niederländisch weiterhin «zwaluw» heißt, sondern die nicht unübliche Praxis im Sport, vor allem beim Fußball, sich geschickt an der richtigen Stelle auf dem Platz fallen zu lassen – mit dem Zweck, einen Freistoß oder gar Strafstoß zu schinden.
Es wurde im niederländischen Sprachraum offensichtlich als eine sehr deutsche Praxis empfunden.
Wim Abbink, Niederkassel, Deutschland

eine Schwalbe

Niederländisch für: **Schwalbe**

Eine Schwalbe ist natürlich ein Vogel, den man in unseren Ländern leider immer weniger zu sehen bekommt. Lustig ist der Unterschied zwischen dem deutschen Sprichwort «Eine Schwalbe macht noch keinen Sommer» und dem niederländischen «Een zwaluw maakt de lente niet» [Eine Schwalbe macht keinen Frühling]. Ist unser Klima denn so verschieden?
Und trotzdem ist es nicht der Vogel, der sprachlich auswan-

derte, sondern das absichtliche Fallen eines Fussbalspielers, der damit im Elfmeterraum auf trügerische Weise den Schiedsrichter beeinflüssen will. Seit einigen Jahren, und schon lange vor dem Fussball WM, kann man nun diese Art von Schwalbe des öfteren im flämischen Fernsehen sehen und hören oder in den flämischen Zeitungen lesen.
In beiden Sprachen gilt wohl: «Eine Schwalbe macht noch kein Elfmeter», es sei denn, der Schiedsrichter hat nicht gut aufgepasst.

Guy Dalcq, Brüssel, Belgien

Fußball

Amerikanisches Englisch für: **Kicker**

Ich bin Au Pair in Princeton, NJ.
Hier in Princeton gibt es eine Studenten-Bar namens Diba, wo sich junge Leute am Abend treffen können. Aber eben auch, um Billard und Tischfußball, also «Kicker», zu spielen. Ich war sehr erstaunt darüber, denn «Kicker» hört sich ja eigentlich englisch an, sie benutzen aber ein deutsches Wort dafür. Und wir Deutsche benutzen ein englisches Wort. Sehr kurios!!!

Moerowan Al-Chaabi, Princeton, NJ, USA

la Mannschaft

Französisch für: **die deutsche Fußball-Nationalmannschaft**

Während der Fußball-WM verfolgte ich auch die internationale Presse. Bei der Lektüre der frz. *L'Equipe* fiel mir auf, dass von der deutschen Elf ständig mit dem Wort «la Mannschaft» gesprochen wurde. Zuerst hielt ich es für einen originellen Einfall eines Journalisten dieser Zeitung. Neugierig geworden fand ich diesen Begriff dann auch in *Le Monde* usw., bis ich im Internet erfuhr, dass er im Französischen schon länger allgemein für die deutsche Fußball-Nationalmannschaft gebräuchlich ist. Er entspricht damit wohl in etwa dem im Deutschen gebräuchlichen «squadra azzurra» für die italienische Mannschaft.
Inzwischen wird der Begriff auch schon in den Niederlanden gebraucht: *de Telegraaf* schrieb in Zusammenhang mit der deutschen Elf von «de Man(n)schaft», mal mit einem, mal mit zwei N.
Toni Blaeser, Köln, Deutschland

Manschaft

Französisch für: **Die deutsche Nationalelf, die deutsche Mannschaft**

Nach alten Bekannten wie «Vasistas» und «Leitmotif» hat eines der wohl jüngsten Auswanderergeschwister das Licht der französischen Sprachwelt während der vor wenigen Tagen zu Ende gegangenen Fußballweltmeisterschaft in Deutschland erblickt. Nach den ersten erfolgreichen Spielen der Deutschen und den anfänglichen Schwierigkeiten der französischen Spieler konnte man in der Zeitung, Bewunderung und Respekt zollend, von «la Manschaft» lesen. Und man hörte Kommentare wie «Nous n'avons pas une Manschaft comme vous» etc.

Evelyn Regenfus, Toulouse, Frankreich

el mannschaft

Arabisch für: **Eigenname der deutschen Fußballmannschaft**

Während der letzten Fussballweltmeisterschaft hörte ich (schmunzelnd) oft in unseren Radios und TVs, die Reporter energisch schreien «FARIK EL MANNSCHAFT», was eigentlich eine Redundanz ist, denn «Farik» bedeutet schon auf Arabisch Mannschaft.

Sie merken auch den arabischen Artikel «El». Dies war auch in unseren Zeitungen zu lesen. Auch die jungen Fans der deutschen Mannschaft waren traurig auf den Strassen und Lokalen, dass «El Mannschaft» gegen Italien verloren hat, so hiess es etwa «oh lass mich in Ruhe, El Mannschaft khessret!» (hat verloren)

Yamina Hamida, Oran, Algerien

cyferblatt

Polnisch für: **Gesicht**

Mein Freund hat mir mal erzählt, dass, immer wenn er schmutzig vom Fußballspielen nach Hause zurückkam und was essen wollte, sein Vater ihn ermahnt hat: «Umyj sobie najpierw swoj ‹cyferblatt›!» – was auf Deutsch gesagt heißen würde: «Nun wasch dir doch erstmal dein Zifferblatt!»
«Cyferblatt» kommt von dem deutschen Wort «Zifferblatt» und wird in Polen, besonders von den älteren Menschen, noch immer als Synonym für «Gesicht» benutzt, doch meistens in einer ironischen Weise!

Leokadia Szczepanek, Rzeszow, Polen

Hinterland

Italienisch für: **Gegend um Mailand**

Witzigerweise wird im Italienischen die dicht besiedelte Gegend um Mailand als «Hinterland» bezeichnet. Die deutsche Entsprechung ist eine dünn besiedelte Gegend, eher im ländlichen Raum.

Susanne Krahl, Kassel, Deutschland

Hinterland

Englisch für: **Hinterland**

Ich bin Auszubildender in einer Spedition. Und da habe ich in Englisch gelernt, dass es im Englischen kein Wort für «Hinterland» gibt. Gemeint ist das Hinterland «hinter» einem Seeschiffhafen.

Jan-Michael Kutzner, Bremerhaven, Deutschland

Hinterland

Australisches Englisch für: **Hinterland**

In Australien leben über 90 % der Einwohner in schmalen Küstenbereichsstreifen.

Das Inland des Kontinents ist kaum besiedelt. Die riesigen Flächen im Inneren des Kontinents werden im Allgemeinen als «Outback» bezeichnet. Im Gegensatz dazu verwendet man vor allem an der Ostküste für Gebiete, die einen größeren Abstand von der Küste haben, das Wort «Hinterland». Der bewohnte Küstenstreifen von Melbourne bis Cairns wird hier hauptsächlich durch das Meer (logisch :-)) und zum Landesinneren durch den Gebirgszug der Great Dividing Range begrenzt. Alles, was jenseits dieser Grenze liegt, wird meistens als «Hinterland» bezeichnet.

Heiko Kubach, Hochstetten, Deutschland

Liebhabervilla

Dänisch für: **Liebhabervilla**

In Makleranzeigen (seitenweise in Medien) benutzt.
Soll heißen, dass für eine besondere Type Haus ein guter Preis begründet wird, z. B. alter Stil, besondere Größe oder Lage. Oft ist gemeint, dass man einen bestimmten Geschmack oder bestimmte Ansprüche haben muss, nicht selten auch einen Einsatz bzgl. Instandhaltung fordert.
Renate Weltersbach, Aabenraa, Dänemark

Vorspiel, Nachspiel

Norwegisch für: **Alkoholgenuss vor bzw. nach der eigentlichen Veranstaltung**

Da in Norwegen der Alkohol recht teuer ist, ist es üblich, sich in Gruppen, mit denen man den Abend gestalten will, im Vorfeld zu treffen. Und eben schon mal zu trinken, da dies günstiger ist.
Viele Norweger sind schon gut angeheitert, wenn sie das Haus verlassen.
Als Deutscher in Norwegen ist es also recht sinnvoll zu wissen, was gemeint ist, wenn man von einem Norweger zum Vorspiel eingeladen wird.
Axel Krüger, Skånevik, Norwegen

brandmauer

Russisch für: **Brandmauer, Firewall (Computer)**

Vorweg: Ich bin eine in Russland lebende Deutsche. Und als solche bin ich natürlich sensibel für Wörter im Russischen, die aus dem Deutschen übernommen wurden.
Mein absoluter Favorit ist «brandmauer» (Брандмауэр). Diesem Wort bin ich erstmals an meinem neuen PC mit einem russischsprachigen Betriebssystem begegnet.
Was mir an diesem Wort so gefällt?
In Deutschland kämpfen viele seit Jahren gegen die oft wirklich unsinnige Amerikanisierung der deutschen Sprache. Und gerade im Bereich der Computer findet sich kaum mehr ein Fachwort, das nicht einen englischsprachigen Ursprung hat. So auch die «Firewall», ein Schutzprogramm gegen Übergriffe aus dem Internet auf den eigenen Rechner.
Und nun finde ich also auf meinem russischen Rechner mit einem international weit verbreiteten Betriebssystem in kyrillischen Buchstaben das Wort «brandmauer» und dies, obwohl auch im Russischen das englische Vokabular immer mehr Einfluss gewinnt und dies natürlich auch im Bereich des Computers. Kann es wirklich wahr sein, dass im Russischen ein deutsches Wort verwendet wird, für das wir im Deutschen nur mehr ein englisches zur Verfügung haben? Mich hat diese Tatsache sehr angenehm berührt, weshalb ich «brandmauer» zur Teilnahme am Wettbewerb «Wörterwanderung» vorschlagen möchte.
Eliane Roth, Irkutsk, Russland

vahtimestari

Finnisch für: **Hausmeister / Portier**

«vahtimestari» (im Finnischen wird das «v» weich gesprochen und «h» vor Konsonant wie das deutsche «ch», also «wachtimestari»). Ursprung ist natürlich das deutsche Wort «Wachtmeister», jedoch wandelte sich die Bedeutung im Laufe der Zeit etwas. Heute wird das Wort als Berufsbezeichnung für Hausmeister, aber auch für Portiere oder Ordnungshüter in Nachtclubs und Bars benutzt.

Siegfried Missalla, Östersundom, Finnland

Teergrube

Englisch für: **Teergrube im informationstechnischen Sinne des deutschen Wortes**

Die Informationstechnik hat der deutschen Sprache viele englische Begriffe beschert – ob man das nun gutheißt oder eher kritisch sieht, soll einmal außen vor gelassen werden. Das deutsche Wort «Teergrube» fand jedoch in seiner informationstechnischen Bedeutung auch den Weg in den Wortschatz der englischen «IT-Sprache».

Der Zweck einer solchen «Teergrube» liegt darin, die Versender unerwünschter Werbe-E-Mails (oft auch als «Spam» oder «Junk» bezeichnet) in ihrer Tätigkeit zu stören. Dabei versucht der Computer, der eine solche E-Mail empfangen soll, den versendenden Computer möglichst lange aufzuhalten, indem er – vereinfacht gesagt – diesem in regelmäßigen Abständen mitteilt, er solle sich doch bitte noch ein wenig gedulden, denn der empfangende Rechner habe noch etwas zu sagen. Dies tut der Rechner so lange, bis der Rechner des Absenders irgendwann aufgibt. Bleibt der «Spam»-versendende Computer in dieser «Teergrube» hängen, so wird er beim Verschicken seiner Mails aufgehalten (da er ja ständig weiter wartet, was der andere Rechner ihm denn nun so Wichtiges mitzuteilen hat) und kann dementsprechend weniger E-Mails verbreiten.
Der deutsche Begriff «Teergrube» für eine Software auf dem E-Mail-empfangenden Rechner wurde auch ins Englische so übernommen. Eventuell liegt dies daran, dass die ursprüngliche Idee, «Spammern» auf diese Weise das Leben zu erschweren, aus dem deutschsprachigen Raum kommt und dort als erstes diesen Namen bekam.

Oliver Kirsch, Rüsselsheim, Deutschland

Autobahn

Amerikanisches Englisch für: **Autobahn**

Ich denke, wohl das beliebteste deutsche Wort der Amerikaner neben «Lederhosen» oder «Gesundheit» ist «Autobahn». Ich lebe seit sechs Jahren in den USA, und jedesmal, wenn jemand herausfindet, dass ich Deutsche bin, fangen die Augen derer in meiner Gegenwart an zu leuchten, und ich werde gefragt, wie es ist, mit dem Auto so schnell fahren zu duerfen, wie man will. Das Wort «Autobahn» steht hier in den USA auf einem symbolischen Podest fuer Geschwindigkeit und Spass, auch wenn es nie in einem anderen Kontext benutzt wird, als was es ist, die deutsche Autobahn. Jeder Amerikaner, der auf der Autobahn gefahren ist, hat eine Geschichte darueber zu erzaehlen – alle anderen, die noch nicht dort waren, sind schlichtweg neidisch. Manchmal werden erstaunte, manchmal witzige Geschichten erzaehlt. Die Geschichte, die mir immer als Erstes einfaellt, ist die, dass einer meiner Freunde fuer seinen gesamten Deutschlandaufenthalt dachte, dass «Ausfahrt» eine sehr grosse deutsche Stadt sein muesse, da sie doch ueberall ausgeschildert sei.

Heidi Jakobi, Raleigh, USA

Wischer

Hebräisch für: **Wischer, Scheibenwischer**

Die Erklärung des Reiseführers in Israel: Bei Anreicherung des Iwrith als Alltagssprache hatte man kein «biblisches» Wort für Scheibenwischer und lieh es sich aus dem Deutschen. Witzig die Pluralform: «wischerim»!
Kalauer dazu: «Wischerim on ice!» bedeutet: Scheibenwischer leider festgefroren (kommt in Israel seltener vor, aber der Witz ist die Benutzung einer weiteren Sprache, um das Wort «festgefroren» schnell verständlich zu ersetzen).
Susanne Bätjer, Glückstadt, Deutschland

Schiebedach

Farsi für: **Schiebedach**

Zumindest in der Umgangssprache hat sich das im Iran durchgesetzt, man sieht, Deutsch und Autos gehören zusammen.
Klaus Ranner, Berlin, Deutschland

Blödman

Französisch für: **dummer Mensch**

Vor einigen Jahren trafen wir in Frankreich auf einem Campingplatz ein. Dieser Platz war normalerweise ein Sportplatz, aber in den Ferien zum Zelten freigegeben. Außer uns (zwei Erwachsene und zwei Kinder) befand sich ein Zelt auf diesem Platz. Wir stiegen aus unserem Auto aus und hörten, daß die schon angekommenen Camper laut miteinander redeten, ohne daß wir verstehen konnten, worum es ging. Das Einzige, was uns ganz deutlich herüberschallte, war: «Vous êtes un Blödman», wobei das «man» ganz deutlich in französischer Aussprache, also etwas nasal klang. Wir haben uns köstlich amüsiert und stellten später fest, dass es sich um Belgier handelte, die offenbar über etwas nicht ganz einig waren. Wir haben familienintern seither diesen Satz öfter benutzt, wenn wir auf lustige Weise eben diese Situation in Erinnerung bringen wollten.

Marlene Büttel, Bad Schwalbach, Deutschland

McAuto

Spanisch für: **McDrive**

Auf Gran Canaria heißt beim McDonalds der McDrive «Mc-Auto».
Lydia Groh, Wetterau, Deutschland

burgher (from German Bürger)

Englisch für: **Citizen of a town or borough; comfortable or complacent member of the middle class**

The word «burgher» is derived from the German word «Bürger». Obviously, there are also other words like «citizen» that are more commonly used in colloquial English.
In turn, the term «burgher» has a somewhat old-fashioned and bourgeois connotation to it. Actually, it is often used to talk about members of the (European) middle class.
For example, in a recent article in the *New York Times* about the good spirit and celebrations around the soccer worldcup in Germany, the author used the term in the following context: «(...) and the entire city center had been closed to traffic by the authorities. These empty streets, however, were not enough to convince the good Bavarian burghers that it was appropriate, or permissible, to ignore red pedestrian signals at crossroads. There they were, lined up in good order,

waiting for a green light to sanction their crossing of a vacant road on which no car could possibly appear.»
Nada Martini, New York, USA

Englisch für: **Bürger einer Stadt oder einer Gemeinde; bequemliches oder selbstzufriedenes Mitglied der Mittelschicht**

Das Wort «burgher» kommt vom deutschen Wort «Bürger». Natürlich gibt es auch andere Wörter wie «citizen», die in der englischen Umgangssprache häufiger verwendet werden. Auf der anderen Seite hat der Ausdruck «burgher» eine irgendwie altmodische und bürgerliche Konnotation. Er wird oft als Bezeichnung für Mitglieder der (europäischen) Mittelklasse verwendet.
So verwendete zum Beispiel kürzlich der Autor eines Artikels in der *New York Times* über die gute Stimmung und die Feiern bei der Fußball-Weltmeisterschaft in Deutschland den Begriff in folgendem Zusammenhang:
«(...) und das gesamte Stadtzentrum war für den Verkehr gesperrt worden. Die leeren Straßen vermochten jedoch nicht, die braven bayrischen Bürger davon zu überzeugen, dass sie die roten Fußgängerampeln an der Kreuzung missachten konnten oder durften. Da standen sie, ordentlich aufgereiht, und warteten auf das grüne Licht, das ihnen erlauben würde, eine leere Straße zu überqueren, auf der überhaupt kein Auto kommen konnte.»

Butterbrot

Russisch für: **belegtes Brot (Brötchen), belegte Schnitte**

Das ist das gebräuchlichste «ausgewanderte» deutsche Wort in der russischen Sprache. Aber im Russischen hat dieses Wort die Bedeutung des Wortes «Butter» verloren.

Wenn die Russen «Butterbrot» sagen, meinen sie gar nicht «Brot mit Butter»: «Butterbrot mit Kaviar» bedeutet «Kaviarbrötchen», «Butterbrot mit Käse» bedeutet «Käsebrot» usw. «Butterbrot mit Butter» bedeutet eigentlich das deutsche «Butterbrot».

Seine ursprüngliche Bedeutung «Brot mit Butter» hat das Wort Butterbrot in der umgangssprachlichen scherzhaften Wendung «Gesetz des Butterbrots» aufbewahrt.

Darunter meint man das unvermeidliche Unglück, weil immer, wenn das Butterbrot auf den Boden fällt, fällt es mit Butter unten. Das passiert vielleicht, denn Butter ist schwerer als Brot. Oder vielleicht behalten wir einfach die Fälle mit Butter unten besser als mit Butter oben, weil es im ersten Fall mehr Schweinerei gibt.

Ludmilla Seikowa, Tjumen, Russland

Butterbrot bzw. buterbrod

Russisch für: **eine belegte Schnitte ohne BUTTER**

Während des Krieges haben die Russen die Deutschen zusammengelegte Brotscheiben essen sehen, die von den Deutschen als Butterbrot bezeichnet wurden. Einem Russen wäre es nie in den Sinn gekommen, dass die Deutschen das Brot ohne Wurst oder Käse essen. So ist das russische «buterbrod» entstanden, das heute überall in Theatern usw. angeboten wird. Es ist immer baguette-ähnliches Brot OHNE BUTTER, jedoch mit reichlich Kaviar oder Käse oder Wurst.
Brigitte Kaminski, Kornwestheim, Deutschland

Buterbrod

Russisch für: **belegtes Brot**

Wer einem Russen ein Butterbrot anbietet und ihm dann ein Butterbrot serviert, sollte sich nicht wundern, wenn der Gast verblüfft schaut. Denn unter einem «Buterbrod» versteht man in Russland nicht etwa eine Butterstulle, sondern ein belegtes Brot. Dadurch kann man leicht in den Verdacht kommen, ein allzu sparsamer Gastgeber zu sein.
Bertold Flierl, Königsbrunn, Deutschland

Schmier

Brasilianisches Portugiesisch für: **Marmelade für Brot**

Tausendmal Entschuldigung weher meine schlechter Deutsch, aber für ein Brasilianer ist es schwierig in «gute» Deutsch schreiben.
Dass Wort «Schmier» haben die Deutsche Einwanderern in die 1800 jähre nach Brasilien mit gebrach.
Heute nutz man's für die Marmelade wo man aufs Brot «schmied». Daraus kommt auch die Benutzung und Bedeutung dieses Wort. Man «schmied» ja das Brot mit Marmelade, aber für die Brasilianer gibt's keine Marmelade, nur «Schmier». Das Wort ist so ausgebreitet, dass man in Supermark nicht nach Marmelade sucht, aber nach Schmier. «Das Schmier» kann von alle Arten fruchten und Pflanzen sein: Trauben, Orangen, Wassermelonen, und, und, und.
Andre Jasper, Lajeado, Brasilien

Müesli

Verschiedene Sprachen für: **Frühstücksgericht**

Noch ein Helvetismus auf Wanderschaft: «Müesli» wird weltweit ein Frühstücksmus mit Haferflocken bezeichnet. Die noch häufigere Bezeichnung «Müsli» ist eigentlich falsch, weil sie im Ursprungsland Schweiz «Mäuschen» bedeutet,

was die wenigsten Menschen gerne zum Frühstück haben. In der Schweiz ist mit «Müesli» meist ein Kinderbrei gemeint, während das Haferflockengericht meist als «Birchermus» oder «Birchermüesli» bezeichnet wird. Erfunden wurde es vom Schweizer Arzt und Ernährungswissenschaftler Max Bircher-Benner im Jahr 1903.
Andreas Schwander, Bottmingen, Schweiz

Kumpir

Türkisch für: **Ofenkartoffel, Folienkartoffel**

Das Wort stammt ursprünglichen vom pfälzischen «Krummbeere» ab und wurde von Balkantürken, die Kontakte mit deutschen Siedlern hatten, bis ins tiefste Anatolien eingeführt. Das Wort bezeichnet im Gegensatz zu «Patates» (Kartoffel) die zubereitete Ofenkartoffel. Kurioserweise begegnet uns dieses Wort immer häufiger als Reimport in Deutschland und zwar als «Kumpir-ci». Das ist ein türkischer Imbiss, der Kartoffelspezialitäten anbietet. Also der «Krummbeerkoch».
Gökce Karakas, Mannheim, Deutschland

Kohlrabi

Englisch für: **Kohlrabi**

Auf einer Reise durch die USA traf ich eine Farmerfamilie, die unbedingt von mir wissen wollte, wie das Gemüse, das sie anbaute, auf Deutsch hieße. Der Farmer nannte mir die englische Bezeichnung der Pflanze, und ich übersetzte ins Deutsche. Bei Kohlrabi warf mir der Bauer vor, ich hätte wohl keine Lust mehr zu übersetzen und würde nur noch einfach seine Worte wiederholen. Ich dachte zuerst, er wollte mich mit seinen Deutschkenntnissen verblüffen ... Doch dann mussten wir aber feststellen, dass wir in beiden Sprachen denselben Begriff für dieselbe Pflanze benutzten.

Stefanie Saier, Berlin, Deutschland

šlag (lesen Sie «Schlag»)

Serbisch für: **die süße Sahne**

Ich mag šlag! Ich würde am liebsten jeden Tag šlag bekommen! Auch in der Liebe geht es nicht ohne einen guten šlag. Ja, wirklich, obwohl ich nicht masochistisch bin.
In der Kaffe, auf der Torte, mit Obst, šlag ist einfach Klasse! Jammiiii!
Warum haben Serben gerade dieses deutsches Wort für so etwas Zärtliches akzeptiert? Wahrscheinlich weil wir etwas

(Pulver oder Eier) kräftig SCHLAGEN müssen, um šlag, d. h. Sahne zu bekommen. Das ist die einzige Erklärung für mich. Deutschen schlagen Sahne wieviel ich weiß.

Ivana Mladenovic, Belgrad, Serbien

Baumkuchen

Yoko Tawada

Als ich den Roman «Hyoten (Der Gefrierpunkt)» von Ayako Miura las, war ich darüber erstaunt, wie viel Fremdwörter aus dem Deutschen von Japanern, die vor dem Zweiten Weltkrieg in Japan Medizin studiert hatten, im Alltag verwendet wurden. Zum Beispiel sagt ein Arzt in dem Roman zu seinem Freund: «Omae-no schön-na Frau (deine schöne Frau)». In seinem Milieu wurden auch deutsche Wörter wie «Krankenhaus» oder «entlassen» wie selbstverständlich benutzt.

Nach dem Zweiten Weltkrieg wurde in Japan Englisch zur ersten Fremdsprache, die man in der Schule lernen musste. Deutsch verlor seine Bedeutung als Sprachrohr zwischen Japan und dem Ausland. Befreit von der Aufgabe, den Naturwissenschaften und der Technik zu dienen, wird die deutsche Sprache in Japan nur noch von denjenigen gelernt, die sich für europäische Musik, Philosophie oder Literatur interessieren.

Die Fremdwörter aus dem Deutschen, die auch heute noch sehr häufig im Alltag verwendet werden, haben jedoch wenig mit Musik, Philosophie oder Literatur zu tun. Das Wort «Arbeit» zum Beispiel, das manchmal abgekürzt «Bait» ausgesprochen wird, bedeutet Studentenjob. Japanische Studenten bezeichnen das, was deutsche Studenten «Job» nennen, als «Arbeit».

Ein deutsches Wort, das meiner Meinung nach in Japan am häufigsten in den Mund genommen wird, ist «Baumkuchen». Diese Süßigkeit ist in Japan so verbreitet, dass man sie sogar im kleinsten «Kombini»-Laden im kleinsten Dorf finden kann. Allerdings verkauft man selten einen ganzen Baumkuchen, sondern es sind meist dünne Scheiben, die einzeln in Plastik verpackt sind. Neuerdings gibt es auch grüne Baumkuchen mit Grünteegeschmack.

Ich habe mir schon lange überlegt, warum sich ausgerechnet der Baumkuchen im japanischen Alltag durchgesetzt hat. Marzipan und Gummibärchen hatten keinen Erfolg. Geschweige denn die schwarzen Lakritzen, die wie Autoreifen schmecken. Die Sachertorte wurde zwar geschätzt, ist jedoch nicht in den Alltag eingedrungen.

Vielleicht liegt es an dem Vokal «i», warum die Lakritzen, die Gummibärchen oder das Marzipan nicht in Japan eingewandert sind. Bei ihnen ist nämlich der Vokal «i» zu stark präsent. Dagegen haben die japanischen Süßigkeiten immer ein «a» oder ein «o» in ihrem Namen wie Monaka, Anko, Amanatoo oder Yookan.

«Baum» ist eines meiner Lieblingswörter im Deutschen. Es klingt wie ein Baum, der einen großen Bauch hat. Ich möchte ihn umarmen, streicheln, küssen. Ich möchte in seinem Bauch wohnen. Wenn ich als Baby die Wahl gehabt hätte, einen Baum zu bezeichnen, hätte ich bestimmt das deutsche Wort «Baum» gewählt, und nicht das japanische Wort «Ki». Schade, dass ein Ki nicht Baum heißt. Vielleicht empfinden viele Japaner unbewusst das Gleiche wie ich und trösten sich, indem sie sich ein Stück Baumkuchen auf die Zunge legen.

Biss

Hebräisch für: **Bissen, Stückchen**

Auf Deutsch beisst der Hund, das ist ein Biss, und das ist sehr unangenehm. Auf Hebräisch bedeutet «Biss» eher einen Bissen zu essen. Dieses Wort ist einfach und sehr nützlich, und jedes Kind kennt es. Man sagt es sehr oft, wenn man mit Freunden in einem Restaurant ist und will etwas probieren. «Bitte, gib mir einen ‹Biss› von dieser Speise!», bittet man seinen Freund. Es gibt einen bekannten israelischen Snack, der «Bissli» heißt – das bedeutet so viel wie «ein Biss für mich».
Ich vermute, dass dieses Wort aus dem Jiddischen oder aus dem Deutsch der Jecken kommt.
Zion Sofer, Petach Tikva, Israel

Schluck

Ungarisch für: **Zug (beim Zigarettenrauchen)**

Ich habe dieses Wort eigentlich nur immer in einer Situation gehört, in der Jugendliche ohne Zigarette von anderen Jugendlichen mit Zigarette sagten: «Adj egy slukkot!»:
«Gib mir einen Zug!» Also gib mir die Zigarette, die du gerade rauchst, und ich nehme nur einen Zug und gebe dir die Zigarette wieder zurück. Es ist auch heute so (hat mir

gerade meine 20jährige Tochter bestätigt), obwohl ich nicht mehr der Jüngste bin und aufgehört habe zu rauchen.
Gábor Lakos, Budapest, Ungarn

Brüderschaft

Russisch für: **auf Freundschaft ein Glas Wein oder auch ein Gläschen Wodka trinken**

«Brüderschaft» – sagen Sie dieses Wort einem Menschen, der Russisch spricht und keine Ahnung von der deutschen Sprache hat. Sprechen Sie aber «ü» so wie «u» aus: «Bruderschaft». Sie werden sofort merken, dass der Mensch Sie versteht. Bei der nächsten Gelegenheit würde man gern mit Ihnen Brüderschaft trinken. Die Russen wissen nicht immer, woher das Wort kommt, sie wissen aber, es zu gebrauchen.
Die Deutschen kennen das Wort, aber benutzen es in dieser Bedeutung, nach meinem Wissen, sehr selten. «Du» kann man auch anders anbieten. Oder doch: «na bruderschaft!»
Anna Gumenn, Bochum, Deutschland

le schnaps

Französisch für: **Schnaps**

Vermutlich hat sich Schnaps als wichtige Währung und als Verbrüderungsmittel weit verbreitet.
Niels Brudy, Efringen-Kirchen, Deutschland

runda

Tschechisch für: **je ein Glas für alle im Raum**

Das Wort bezeichnet eine Bestellung in der Gaststaette, wobei ein Mensch alle anderen Dagewesenen zu einem Glas Alkohol einlaedt; oft geht es um eine Gesellschaft, die RUND um einen Tisch sitzt; man erwartet auch, dass spaeter noch weitere Glaeser bestellt werden (von demselben oder anderen Menschen) – eine naechste RUNDE.
Lubos Skopec, Mšeno, Tschechien

Katzenjammer

Englisch für: **1. hangover; 2. distress; depression;**
3. confusion; clamor; uproar

«Peebles, in his rejoinder, compared the intense activity in cosmology over the last few years to ‹a really good party›. But he also listed open questions that, he said, left him with an ‹uneasy feeling› – a kind of cosmic katzenjammer – about whether the concordance will survive new and more precise tests.»
James Glanz, Cosmology: Does Science Know the Vital Statistics of the Cosmos? Science (Washington, DC), Nov 13, 1998.

«The characteristic Grimm story has a katzenjammer irreverence and a narrative urgency; its characters are no better than they have to be, and are foxy, wild, lucky or unlucky, and utterly human.»
Arthur C. Danto, Maurice Sendak and a Tale Not Quite Grimm Enough, The Washington Post, Nov 6, 1988.
Benjamin von Engelhardt, Berlin, Deutschland

Englisch für: **1. Kater; 2. Verzweiflung, Depression;**
3. Verwirrung, Geschrei, Tumult

In seiner Erwiderung verglich Peebles die intensiven Aktivitäten im Bereich der Kosmologie in den letzten paar Jahren mit «einer richtig guten Party». Aber er berichtete auch von einer Liste offener Fragen, die in ihm, so sagte er, ein unbehagliches Gefühl – eine Art kosmischen «katzenjammer» – darüber auslöste, ob die Konkordanz neue und genauere Tests überleben wird.

Die charakteristische Grimm-Geschichte birgt eine chaotische («Katzenjammer»-)Respektlosigkeit und erzählerische Dringlichkeit in sich; ihre Charaktere sind nicht besser, als sie sein müssen, sie sind schlau, wild, haben Glück oder Unglück, und sind äußerst menschlich.

Katzenjammer

Polnisch für: **Katzenjammer**

Das Wort wird in Polen zu «Kac» verkürzt. Es wird aber nicht in Verbindung mit «Katzen» gebracht, wohl aber mit einem Jammer nach einem übertriebenen Alkoholgenuss.
Vermutlich eine ziemlich alte «Auswanderung» oder aber eher eine «Ausleihe» aus den Zeiten, als sich die deutschen (preussischen) und die polnischen Soldaten gemeinsam betranken. Interessant: Neulich fragte mich ein Deutscher, was heisst «Kater» auf Polnisch, und war sehr überrascht zu hören, dass das Wort «Kac» vom «Katzenjammer» stammt.
Joanna Rzepa, Katowice, Polen

Vorschmack

Russisch für: **1. kalte Vorspeise aus gehacktem Hering; 2. ein warmes Gericht aus Hackfleisch, das mit kleingehacktem Hering, Kartoffeln, Sauersahne, Zwiebeln und Pfeffer im Ofen gebacken wird**

Das russische Wort Форшмак kommt bestimmt vom deutschen Verb «vorschmecken». Als «Vorschmack» wurde ursprünglich in Russland eine kalte Vorspeise aus gehacktem Hering bezeichnet. Mit der Zeit wurden viele Rezepte von diesem Gericht erfunden, kalt und warm, und das Wort bekam die Bedeutung eines Fischgerichts, dessen Bestandteil unbedingt gehackter Hering sein muss. Jeder Koch hat sein eigenes Rezept vom Vorschmack.
Hier ist ein Rezept vom kalten Vorschmack:

Der russische Vorschmack (Форшмак)
1 Hering
1 Zwiebel
2 Eier
1 Apfel
100 g Butter
Kräuter

Zubereitung:
Den Hering durch den Wolf drehen oder klein hacken. Zwiebel, gekochte Eier, Apfel schneiden und zugeben. Butter schmelzen, Kräuter hacken und zugeben. Alles mischen und

in eine Salatschüssel in Form eines Fisches legen. Mit Oliven und Zitrone schmücken. Kalt servieren. Guten Appetit!

Das deutsche Wort «Vorschmack» kommt auch in einer russischen phraseologischen Redewendung vor: aus jmdm. einen Vorschmack machen: сделать из кого-либо форшмак. Das wirkt wie eine Bedrohung und bedeutet «jmdn. brutal bestrafen, verprügeln, vernichten».

Situation: Wie konnte er mit mir so umgehen? Ich mach aus ihm einen Vorschmack!

Как он мог так со мной обойтись? Да я из него форшмак сделаю!

Diese Bedeutung hängt damit zusammen, dass der Hering für den Vorschmack zerkleinert wird. Hier haben wir mit der übertragenen Bedeutung dieser Redewendung zu tun: Ich zerschneide ihn in kleine Stückchen.

Liebe Damen und Herren,

recht herzlichen Dank für die Möglichkeit, Ihr Projekt mitmachen zu können. Wenn ich Ihnen mit meinem Beitrag eine Hilfe leisten könnte, würde ich mich sehr darüber freuen. Ich wünsche Ihnen viel Erfolg!

Julia Fedorova, Novokuznetsk, Russland

kleine morgen

Norwegisch für: **ein «verkaterter» Morgen**

Es ist mehr ein Slangwort, das hauptsächlich von Jugendlichen benutzt wird. Das Wort «kleine» ist nicht veränderbar. Auf norwegisch ist das deutsche «klein» «liten».
Das Wort «morgen» ist norwegisch (und bedeutet «Morgen»). An dieses Wort werden wie bei anderen Wörtern im Norwegischen Endungen angehängt:
kleine morgen (ein verkaterter Morgen)
kleine morgenen (der verkaterte Morgen)
kleine morgener (verkaterte Morgen, Pl.)
kleine morgene (die verkaterten Morgen)
Nora Strotjohann, Neustadt, Deutschland

Schlafstunde

Hebräisch für: **Mittagsruhe**

Schlafstunde – die Zeit von 14.00 Uhr bis 16.00 Uhr, in der Kinder keinen Lärm machen dürfen. Sonst kommt ein alter Mann, der immer ein weißes Unterhemd trägt, auf den Balkon und brüllt herunter: «Ruhe! Leute versuchen hier zu schlafen! Seid ruhig, sonst komme ich herunter!»
Das war der Stand der Dinge, als ich ein Kind war. Die Welt gehörte alten grollenden Männern, und die mussten immer

und nachmittags pünktlich schlafen. Heute ist es leider nicht mehr so. Die Kinder machen, was sie wollen, und ich bin selbst ein bisschen ein alter Mann geworden.
Tamir Zegman, Holon, Israel

Schlafstunde

Hebräisch für: **Siesta**

Eine Schlafstunde, im Allgemeinen einem Nachmittagsschläfchen zugeschrieben, das eine kurze Entspannungspause mitten im Tage ermöglicht.
Man weiß nicht genau, ob die «Jeckes» in Israel diese Gewohnheit hier angenommen haben oder sie diese aus Deutschland mitgebracht haben. Die Schlafstunde ist zweifellos unserem Klima angemessen.
Das entsprechende Wort in Spanien und in Italien ist «Siesta», es bedeutet Ruhe und Erfrischung mitten im Tage.
Die Schlafstunde wird als eine heilige «Institution» betrachtet; man sollte es nicht wagen, jemanden zu dieser Zeit zu stören.
Viele Geschäftshäuser schließen heutzutage zwischen 13.00 und 16.00, um ihren Besitzern und Angestellten eine Ruhezeit zu gewähren.
Dina Hanff, Kibbuz Ma'abarot, Israel

szlafrok

Polnisch für: **Bademantel**

Den szlafrok trägt man nicht unbedingt direkt vor dem Schlafengehen, auch am Morgen, bevor man sich «anständig» anzieht. Er hat also doch etwas mit dem Schlaf zu tun. Szlafrok zieht man aber auch an, nachdem man ein Bad genommen hat (bzw. eine Dusche), er hat demnach die Funktion eines Bademantels übernommen. Ansonsten braucht man ihn im Hotel, und im Krankenhaus ist er einfach unentbehrlich. Zum szlafrok passt gut die szlafmyca (Schlafmütze), aber wer trägt heutzutage noch so ein altmodisches Zeug ...

Hubert Malecki, Rzeszow, Polen

Szlafmyca

Polnisch für: **träger Mensch**

Ein Mensch, der morgens schlecht aus dem Bett kommt, wird mit einer früher gern im Bett getragenen Schlafmütze assoziiert.

Therese Polus-Arzt, Bonn, Deutschland

Gesundheit

Amerikanisches Englisch für: **Gesundheit**

Im Englischen sagt man üblicherweise «bless you», wenn jemand geniest hat.
Da in den USA viele Menschen keinen «Segen» erteilen möchten, wird oft «Gesundheit» verwandt, um dies in nichtreligiöser Art zu tun.
Toni Nezi, Erkrath, Deutschland

Gesundheit

Amerikanisches Englisch für: **Gesundheit, wenn man niesen muss**

Als ich eine Zeitlang in den USA in einer Gastfamilie war, sagte ich aus Gewohnheit «Gesundheit», nachdem meine Gastmutter niesen musste. Da schaute sie mich ganz verwirrt an, dass ich das Wort kenne. Ihre Oma hatte ihr früher beigebracht, dass «Gesundheit» ein feineres Wort sei, wenn man niesen muss, als «Bless you», das vor allem in der reicheren Gesellschaft genutzt werden würde.
Sonja Wessels, Münster, Deutschland

noiroze

Japanisch für: **Neurose**

Encycl. Brit., 12, 957

Anna von Maier Negri, Pavia, Italien

noirooze

Japanisch für: **Neurose**

Es ist eines der vielen nach Japan ausgewanderten Woerter; ich kann jedoch nicht genau sagen, welche Geschichte sich nun dahinter verbirgt.

Da in Japan die deutsche Medizin vor ca. 20 Jahren hoch anerkannt war, mussten Mediziner damals die gesamte Literatur auf Deutsch lernen. Dies koennte eine moegliche Erklaerung darstellen.

Die modifizierte Schreibweise ruehrt von der japanischen Schreibweise. Bis auf wenige Ausnahmen werden jeweils 2 Buchstaben im Deutschen zu einem japanischen zusammengefasst.

Sven Forstmann, Yokohama, Japan

Kollege

Sudanesisch / Arabisch für: **Trockene Strohbunde**

Wenn man Getreidestroh sammelt und für die Lagerung zusammenbindet, eine Strohbunde heisst Kollege, sie wird als Viehfutter oder zum Brennen benutzt. Also die Bedeutung von Zusammenhalt ist im Sinn.
Muawia Fadel Mula, Köln, Deutschland

Hausorgan

Argentinisches Spanisch für: **Mitarbeiterzeitung**

Bei einem Praktikum in einem Unternehmen in Buenos Aires sprach mich ein Argentinier an, ob ich schon das «Hausorgan» gelesen hätte.
Jürgen Ramspeck, Nürnberg, Deutschland

cimer(ka) (lesen Sie «Zimmer(ka)»)

Serbisch für: **Mitbewohner(in)**

Sehr interessant!!!! Ein sehr schönes Wort, das unter Studenten oft benutzt wird. Klingt gut, modern und sagt alles!

Cimer (lesen Sie «Zimmer») ist jemand, mit dem man zusammen wohnt, Miete und Rechnungen bezahlt und kein Geschwister ist. Muss nicht unbedingt ein Zimmer teilen, sondern auch die ganze Wohnung. Cimerka ist ein Mädchen.
«Hast du eine cimerka schon?», «Suchst du eine cimerka?»
(Deutsches Wort «Zimmer» heisst auf Serbisch «soba».)
Als ich studiert habe, waren wir Germanisten überzeugt, dass man in D. auch Zimmerka sagt. Welche Überraschung, als wir gehört haben: Mitbewohnerin?! Zimmerka klinge viel besser und ... hm ... einfacher.
Ivana Mladenovic, Belgrad, Serbien

Karcher / Kärcher

Französisch für: **reinigen**

Der Firmenname «Kärcher» hat sich im Französischen zum Ausdruck für «kräftiges Reinigen», auch «Sandstrahlen» durchgesetzt in der Form «Karcher».
Auch metaphorisch:
nettoyer au Karcher [fig.]: mit eisernem Besen auskehren; rigorose Maßnahmen einleiten.
Wilfried Rott, Berlin, Deutschland

štreber

Serbisch für: **ein Schüler, der sehr fleißig lernt**

štreber ist ein Schüler, der sehr fleißig lernt und wahrscheinlich nur das im Leben macht. Andere Schüler mögen ihn nicht, und selten hat er gute Freunde in der Klasse. Mitschüler sagen «Du bist ein štreber!», wenn sie jemanden beleidigen wollen, also dieses Wort hat eine negative Konnotation bei den Kindern. Lehrer, wie ich, haben nix gegen sie, nur manchmal sage ich zu ihnen, sie sollten mehr Spass nach der Schule haben, und nicht nur mit den Hausaufgaben.

Ivana Mladenovic, Belgrad, Serbien

besservisseri

Finnisch für: **Besserwisser**

Ein Mensch, der immer seine eigene Meinung äussert und dadurch die Ideen und Gedanken, Lösungen und Verhalten der anderen irgendwie unreif, negativ, lächerlich oder kindisch schildert. Ein «besservisseri» ist kein liebenswuerdiger, höflicher Mensch, eher wichtigtuerisch, und weiss doch nicht wirklich alles «besser» als die anderen.

Marja-Leena Vira, Turku, Finnland

Scharlatan

Iranisch für: **Scharlatan**

Wenn jemand in finanzieller Hinsicht, in der Arbeit oder einfach auch in einer normalen Beziehung sehr viel von sich behauptet oder forgibt, wird diese Wort benutzt!

Mohammadreza Najafinia, Kerpen, Deutschland

dumm

Bassa für: **dumm (bête)**

Le mot «dumm» une expression comme tout autre utilisée dans la langue bassa parlée dans les provinces du Centre et du Littiral au Cameroun. Il est employé dans les villes, les villages, les quarties etc. Tous les Bassa comprennent cette expression. Même si nous parlons français, le mot «dumm» peut se glisser dans nos paroles.

Ce mot qui dans notre langue signifie «dumm» est en particulier une insulte, mais pas trop grossière. Voici un exemple de l'utilisation de ce mot: «Tu es dumm comme un âne.»Je ne sais pas si le mot «dumm» est utilisé dans langues parlées dans notre pays.

Sans pouvoir donner des preuves, je suppose que ce mot est issu de la colonisation allemande.

Arsene Tresor Mbaga, Douala, Kamerun

Das Wort «dumm» ist ein Ausdruck wie jeder andere in der Sprache Bassa, die in Teilen der Mitte und der Küstengebiete von Kamerun gesprochen wird. Es wird in Städten, Dörfern, Stadtvierteln etc. verwendet. Alle Bassa verstehen diesen Ausdruck. Auch wenn wir Französisch sprechen, kann es passieren, dass uns das Wort «dumm» herausrutscht.
Dieses Wort, das in unserer Sprache «bête» [«dumm»] bedeutet, ist vor allem ein Schimpfwort, aber kein allzu grobes. Hier ein Beispiel zur Verwendung dieses Wortes: «Tu es dumm comme un âne.» [«Du bist dumm wie ein Esel.»]
Ich weiß nicht, ob das Wort «dumm» auch in anderen Sprachen verwendet wird, die in unserem Land gesprochen werden.
Ich kann es zwar nicht belegen, aber ich schätze, dass dieses Wort aus der deutschen Kolonialzeit stammt.

Anschlag

Russisch für: **die Situation im Theater, im Zirkus, im Kino u. ä., wenn alle Eintrittskarten für eine bestimmte Vorstellung ausverkauft sind**

Im Russischen existiert das Wort seit Ende des 19. Jahrhunderts. Zunächst hatte das Wort die gleiche Bedeutung wie in der deutschen Sprache: «Anschlagzettel, Plakat, Bekanntmachung». Schon Anfang des 20. Jahrhunderts bekam das Wort die Bedeutung, mit der man es auch heute verwendet. «Anschlag im Theater» bedeutet, dass das Stück vor ausverkauftem Haus gespielt wird oder dass das Haus ausverkauft ist.

Heute gibt es im russischen Fernsehen das populäre Programm mit dem Namen «Anschlag». In diesem Unterhaltungsprogramm treten Humoristen und Künstler auf, die Spaß machen und damit die Fernsehzuschauer amüsieren. Für ein Teil der Zuschauer ist dieses Programm das Symbol der Flachheit und der Geschmacklosigkeit, weil die Witze im Programm, nach der Meinung einiger Zuschauer, abgeschmackt und platt sind. Aber das Programm «hat Anschlag», d. h. ist beliebt und hat Erfolg.
Die zweite Bedeutung des russischen Wortes ist «große Überschrift in der Zeitung, der Kopf». Sie ist vielleicht mit der Bedeutung des deutschen Wortes «die erste Reihe beim Stricken» verbunden, weil die beiden Sachen am Anfang sind.
Ludmilla Seikowa, Tjumen, Russland

Sitzfleisch

Russisch für: **Sitzfleisch**

Vom ausgehenden 19. Jahrhundert bis in die 30er Jahre des 20. Jahrhunderts war Deutschland eine der führenden Schachnationen. Alle Schachweltmeister in diesem Zeitraum waren deutschsprachig, sodass viele – ursprünglich deutsche – Schachbegrifflichkeiten in den Sprachgebrauch anderer Länder übergingen.
«Sitzfleisch» besitzt ein Schachspieler, welcher Stunde um Stunde (im Optimalfall konzentriert) am Brett verharren kann und auf diese Weise den Gegner langfristig zermürbt

(den «Normalfall» bilden Schachspieler, welche nach einem ausgeführten Zug erstmal eine «schöpferische Pause» einlegen und im Spiellokal etwas umherlaufen).
Weitere Schach-Lehnwörter, die Eingang in die russische Sprache gefunden haben, sind (z. B.) «Zeitnot», «Mittelspiel» und «Endspiel».
Wie bei anderen Schachbegriffen (Patt, Remis etc.) wird «Sitzfleisch» heute auch in anderen Zusammenhängen (z. B. Politik und Sport) verwendet.
Ingo Muench, Bischofsheim, Deutschland

... maschine

Bulgarisch für: **...maschine**

Das Bulgarische leitet einige seiner Wörter aus dem Deutschen ab, die auf «-maschine» enden.
Dabei ist es unerheblich, ob es eine Waschmaschine oder eine Bohrmaschine ist – das Wort wurde 1 zu 1 übernommen, und das sogar mit den vorangestellten Zusätzen «Bohr-» bzw. «Wasch-».
Im Bulgarischen ist natürlich eine andere Schreibweise erforderlich, aber die Aussprache lehnt sich sehr stark an das Deutsche an.
Interessant finde ich das deshalb, weil es jeweils moderne Begriffe sind – Erfindungen betreffend –, die sich in einer anderen Sprache so eingeflochten haben, dass man sie als etwas ganz Normales akzeptiert hat.

Normalerweise sind neuere Wörter im Bezug auf Technik ja eher Anglizismen, die man in die Sprache integriert hat, was in diesem Falle aber ja nicht so ist und deshalb besonderes Augenmerk verdient.
Die Universalität in der Verwendung bei den Wörtern mit der Endung auf «Maschine» machen es zu einem ganz besonderen «ausgewanderten Wort», wie ich finde.
Sascha Zhivkov, Aachen, Deutschland

Strudel

Hebräisch für: @

Dieses Zeichen in E-Mail-Adressen sieht wie ein Strudel aus, also wie eingerollter Teig, und das muss den israelischen Computerbenutzern sofort aufgefallen sein. Wer kann noch zurückverfolgen, wer zuerst eine Adresse mit dem Wort «Strudel» angegeben hat, aber das ist die hier vollkommen gebräuchliche Art, Adressen anzugeben. Und es gibt keine andere. Ausländern gegenüber sagt man vielleicht «at».
Als ich zuletzt in Deutschland war und neuen Bekannten aus Gewohnheit meine Adresse mit «Strudel» angegeben hatte, waren einige verwirrt und andere belustigt.
Die Österreicher könnte man vielleicht überzeugen, es auch ins Computervokabular aufzunehmen.
Susanna Stern, Tel Aviv, Israel

Le Vasistdas

Französisch für: **Oberlicht / Giebelfenster / kleine Sprechöffnung in Tür oder Fenster**

Ja und was ist dieses «Vasistdas» nun? Ein Stück Geschichte zweier Länder, eine etymologische Skurrilität, ein Streitpunkt von Internetdiskussionsforen? Bezeichnet es ein Oberfenster und wurde es in die französische Sprache aufgenommen, weil deutsche Soldaten es in Frankreich zum ersten Mal sahen, es von zu Haus nicht kannten und jedesmal fragten «Was ist das?»? Wenn Victor Hugo es schon Ende des 18. Jahrhunderts verwendete, so wird es doch einen anderen Ursprung haben, wohl eher kleine Öffnungen in Türen oder Fenstern bezeichnen, durch die gefragt werden konnte:

«Qu'est-ce que c'est?» Aber vielleicht ist es auch noch früher ausgewandert, andere Wege gegangen und fungiert nun als Bezugspunkt von vielerlei Erzählungen über die gemeinsame Geschichte von Franzosen und Deutschen, von Auseinandersetzungen und Begegnungen. Und die Zeit wird nicht aufhören, Gelegenheiten zu bieten, dies Wort mit neuen Deutungen zu umhüllen. So ließe sich auch immer die Ursprungsfrage «Was ist das?» neu stellen.

Was das ist? Das ist Sprache, das ist Kultur, das ist Geschichte.

Florian Böttcher, Osnabrück, Deutschland

le(s) vasistas

Französisch für: **Guckfenster**

Das Wort, das bereits im 17. Jh. in Frankreich auftaucht, ist zurückzuführen auf die jenseits des Rheins üblichen kleinen «Guckfenster», die man öffnete, um zu fragen:
«Was ist das?» (= Wer ist da?). Man wollte wissen, wer Einlass begehrte, bevor man die Tür öffnete.
Umgangssprachlich (en argot) ist das Wort heute, im Plural verwendet, ein Synonym von «les yeux» = die Augen.
Erika Hesse Fischer, Meran, Italien

was-ist-das

Ungarisch für: **Kunst**

Diese Redewendung wurde in die ungarische Umgangssprache übernommen und existiert in folgender Form:
«Ez nem olyan nagy was-ist-das.» Sinngemäß übersetzt heisst das: «Das ist keine große Kunst.» Oder: «Ez olyan nagy was-ist-das?» = «Ist das so ein großes Kunststück?» oder «Ist das so schwer?»
Livio Letz, Pilisszántó, Ungarn

les Neinsager

Französisch (Schweiz) für: **konservative Deutschschweizer**

In den 90er-Jahren gab es in der Schweiz eine Abstimmung, ob das Land dem EWR (Europäischen Wirtschaftsraum) beitreten sollte. Das Abstimmungsresultat zeigte einen deutlichen Graben zwischen der deutschen und der französischen Schweiz. Die Nein-Stimmen kamen mit grosser Mehrheit aus den konservativen Kreisen der Deutschschweiz. Die Romands/Welschen, welche Europa gegenüber viel offener sind, waren sehr frustriert und erbost über dieses Resultat. Seither hat sich diese Situation nach Abstimmungen noch mehrmals wiederholt, und die Welschen nennen nun diese rechts einzustufenden Deutschschweizer ganz offiziell «les Neinsager» – natürlich mit ihrem französischen Akzent ausgesprochen!

Käthi Remund, Le Mont-sur-Lausanne, Schweiz

les Krauts

Französisch für: **die Deutschen**

«Les Krauts» ist ein pejorativer Name für Deutsche, weil wir in dem Ruf stehen, viel Kraut, also Sauerkraut, zu essen. Regelmäßig sind Franzosen dann sehr enttäuscht, weil sie in Deutschland eine einfache Version Sauerkraut vorgesetzt

bekommen, während sie im eigenen Land üppige Gerichte dieses Gemüses gewohnt sind.
Manchmal wird Sauerkraut in Frankreich sogar mit Champagner übergossen.
Das hätte uns «Krauts» mal einfallen sollen. Es schmeckt nämlich gut.
Dagmar Erler, Mannheim, Deutschland

dagi

Kirundi für: **Deutsche(r)**

«Kirundi» ist die Muttersprache des kleinen ostafrikanischen Landes Burundi.
Burundi war bis zum ersten Weltkrieg deutsche Kolonie. Weil die deutschen Kolonialherren häufig «Guten Tag» sagten, leiteten die Afrikaner aus dem Wort «Tag» das Wort «dagi» ab und bezeichnen so auch heute noch umgangssprachlich die Deutschen.
Jürgen Stock, Recklinghausen, Deutschland

Aberjetze

Afrikaans für: **Deutsche(r)**

Im alten Südwest haben die Deutschen oft Buren in Dienst genommen, z. B. auf den Farmen. Die Werksaufträge wurden besprochen. Beim nächsten Mal lernte der Deutsche dann, dass weniger erreicht worden war, als er erwartet hatte. Nachdem der Deutsche allmählig begriffen hatte, dass das Arbeitstempo des Buren langsamer war als sein eigenes, sagte er dann manchmal nach der Auftraggebung: «Aber jetzt!» Diese Aufmunterung gebrauchten viele Deutsche dann im Umgang mit ihren Buren-Angestellten.
Heutzutage nennt diese Klasse der Buren noch immer die Deutschen die «Aberjetze».

Axel von Blottnitz, Pretoria, Südafrika

Wieheisster

Polnisch für: **Bezeichnung für alle Dinge, die keine klare eigene Bezeichnung haben bzw. dessen Bezeichnung man nicht kennt, vor allem beim Werkzeug**

Mein Vater hat oft dieses Wort benutzt, z. B. als wir zusammen gebastelt haben. Dann hat er gesagt «Gib mir mal diesen Wieheisster», anstatt z. B. «Gib mir diesen 6-Kant-Schlüssel».

Es war so eine Bezeichnung für alles.
Erst als ich nach Deutschland ausgewandert bin und ich Deutsch gelernt habe, ist mir die Bedeutung dieses Wortes klar geworden. Ich weiß nicht, ob dieses Wort überall in Polen benutzt wird oder nur in Schlesien, wo ich herkomme.
Markus Thomalla, Berlin, Deutschland

wihaister

Polnisch für: **ein kleiner Griff, ein kleines Dingsbums**

etwas seltener im polnischen, aber durchaus verbreitet und umso lustiger ist das polnische wort «wihaister», das ich schon seit meiner kindheit kenne und von meiner großmutter übernommen habe. «wihaister» nimmt man oft für etwas her, das man nicht genau bestimmen kann. meistens sind es irgendwelche griffe, laschen, irgendetwas hängendes, rausstehendes. die etwas ungenaue definition weist auch deutlich auf den ursprung des wortes hin, nämlich auf das deutsche «wie heisst er», also grob für etwas, das man nicht beim namen kennt.
Olaf Lubanski, Breitenfurt, Österreich

wihajster (aus: Wie heißt er?)

Polnisch für: **ein mst. kleines Gerät oder Ding, dessen Namen man nicht weiß oder gerade vergessen hat**

Ich lernte dieses Wort von meinen Großeltern. Besonders mein Großvater, dem ich als Kind oft in seiner Tischlerwerkstatt half, benutzte es oft, wenn er mich darum bat, ihm etwas zu holen oder hinzureichen. So sagte er z. B. «Dej mit ten mały wihajster!» («Gib mal den den kleinen ‹wihajster› her!» – der polnische Satz ist durch eine regionale Mundart gefärbt). Interessant finde ich, dass ein ganzer deutscher Satz im Polnischen zu einem Nomen geworden ist.

Jacek Betleja, Przemysl, Polen

Achso!

Arabisch (libanesischer Dialekt) für: **Ach so!**

Ich vermute, die nach Deutschland ausgewanderten Libanesen (so wie ich) haben das Wort bei ihrer Rückkehr bzw. im Urlaub in den Libanon gebracht.
Zuvor gab es im Libanon nur Laute wie «ah» oder man musste ganze Sätze sagen, um auszudrücken, dass man zu einem späteren Zeitpunkt erst verstanden hat, wie etwas Bestimmtes gemeint ist.

Mahmoud Ayad, Bielefeld, Deutschland

Das Fundbüro

Rolf C. Peter
Projektkoordination Deutscher Sprachrat
Internationale Ausschreibung
«Ausgewanderte Wörter»

Das Anliegen war im Grunde ganz einfach – und doch hatte es in seiner Direktheit etwas Unerwartetes. Die Rede ist von jenem Anrufer, der, erklärend, dass er im Radio gerade von der Ausschreibung «Ausgewanderte Wörter» gehört habe, nun also anrufe, um mir seine Wörter «zu geben». Zu geben!
Als wären diese Wörter, Fundstücke, wie er sie nannte, danach bei mir. Mein Büro somit eine Art Fundstücke-Sammelstelle.
Und genauso wie die Fundstücke jenes Anrufers erhielten wir eine Vielzahl – insgesamt über 6000 – von Fundstücken. Von vielen entdeckt in anderen Ländern, zumeist auf Reisen. Und sie blieben in Erinnerung als etwas Vertrautes in der Fremde, als ein sprachliches Stück Heimat.
Oder andersherum: Erst das Erlernen der deutschen Sprache enthüllte, dass die eigene Muttersprache offenbar auch auf das eine oder andere deutsche Wort zurückgegriffen hatte.
Und somit war er sichtbar geworden, der lebendige Austausch von Sprachen.

Plötzlich gesellt sich neben das deutsche «cool» hierzulande anderswo ein englisches «über».

Lebendig auch deshalb, weil die Wörter sich in ihrer neuen sprachlichen Heimat integrierten, anpassten, zum Teil neuen Klang und neue Form erhielten.

Der Charme der hier versammelten Beiträge liegt vielleicht auch gerade darin, dass sie uns die Alltagssituationen beschreiben, in denen diese Wörter zur Anwendung kommen. Von den jeweiligen Autoren und Autorinnen oft versehen mit persönlichen Überlegungen und Mutmaßungen zu deren Reiseroute, deren Geschichte und Ursprung.

Dabei erheben die Beiträge keinerlei Anspruch auf eine etwaige allgemeine Gültigkeit, sondern verweisen vielfach auf regionale Spezifitäten oder lokale Bezüge bzw. Fundorte.

Um das dadurch entstandene bunte Abbild einer wahrlich weltweiten «Wörterwanderung» – mit Beiträgen aus über 70 Ländern – zu wahren, haben wir uns entschieden, auf ein Lektorat der Texte zu verzichten und die Beiträge so wiederzugeben, wie wir sie erhalten haben. Die gesammelten Beiträge werden so mit Sicherheit auch dem einen oder anderen Sprachliebhaber oder Sprachwissenschaftler vergnügte und aufschlussreiche Stunden bescheren.

Vielleicht liegt es schlicht an seiner Auffälligkeit oder an seiner sagenumrankten Geschichte: Das am häufigsten eingereichte Wort war *Was ist das/Vasistas* (französisch für Dachfenster, Oberlicht, Türspion), gefolgt von *Kindergarten, Butterbrot, kaputt* und *Schadenfreude*. In dieser Aufzählung finden sich denn auch die beiden großen Sprachräume wieder, aus denen die meisten Fundstücke gemeldet wurden: das Englische und das Russische.

Wer sich nun selbst auf die Spurensuche machen möchte, der sollte viel Zeit und festes Schuhwerk mitbringen. Fundorte in Finnland, Portugal, Armenien, Kasachstan, Moldawien, Mexiko, Argentinien, Bolivien, Peru, Uruguay, Nigeria, Kamerun, Gambia, Südafrika, Mauritius, Malaysia, Singapur, Taiwan, Südkorea und Neuseeland seien hier nur stellvertretend für eine von vielen möglichen Reiserouten genannt.

Die mit diesem Buch vorgelegte Sammlung gewährt uns nun, aus verschiedenen Blickwinkeln Einblick zu nehmen in die Begegnungen und den Austausch von Menschen und Sprachen. Wenn dieses Buch von deutschen Wörtern handelt, die in anderen Sprachen Aufnahme und Heimstatt gefunden haben, so ist dies natürlich nur die eine Perspektive. Gleichwohl eine, die uns mit Freude und auch Gelassenheit erfüllen möge.

Index